MIX
Papier aus verantwortungsvollen Quellen
Paper from responsible sources
FSC® C105338

Kristin Bauer

Kleines Handbuch zum erfolgreichen Verfassen und Vollenden einer Dissertation

Tipps, Tricks, Übungen und amüsante Anekdoten aus der Studienzeit

disserta
Verlag

Bauer, Kristin: Kleines Handbuch zum erfolgreichen Verfassen und Vollenden einer Dissertation. Tipps, Tricks, Übungen und amüsante Anekdoten aus der Studienzeit, Hamburg, disserta Verlag, 2017

Buch-ISBN: 978-3-95935-416-5
PDF-eBook-ISBN: 978-3-95935-417-2
Druck/Herstellung: disserta Verlag, Hamburg, 2017
Covermotiv: Designed by Freepik

Bibliografische Information der Deutschen Nationalbibliothek:
Die Deutsche Nationalbibliothek verzeichnet diese Publikation in der Deutschen Nationalbibliografie; detaillierte bibliografische Daten sind im Internet über http://dnb.d-nb.de abrufbar.

Das Werk einschließlich aller seiner Teile ist urheberrechtlich geschützt. Jede Verwertung außerhalb der Grenzen des Urheberrechtsgesetzes ist ohne Zustimmung des Verlages unzulässig und strafbar. Dies gilt insbesondere für Vervielfältigungen, Übersetzungen, Mikroverfilmungen und die Einspeicherung und Bearbeitung in elektronischen Systemen.

Die Wiedergabe von Gebrauchsnamen, Handelsnamen, Warenbezeichnungen usw. in diesem Werk berechtigt auch ohne besondere Kennzeichnung nicht zu der Annahme, dass solche Namen im Sinne der Warenzeichen- und Markenschutz-Gesetzgebung als frei zu betrachten wären und daher von jedermann benutzt werden dürften.

Die Informationen in diesem Werk wurden mit Sorgfalt erarbeitet. Dennoch können Fehler nicht vollständig ausgeschlossen werden und die Diplomica Verlag GmbH, die Autoren oder Übersetzer übernehmen keine juristische Verantwortung oder irgendeine Haftung für evtl. verbliebene fehlerhafte Angaben und deren Folgen.

Alle Rechte vorbehalten

© disserta Verlag, Imprint der Diplomica Verlag GmbH
Hermannstal 119k, 22119 Hamburg
http://www.disserta-verlag.de, Hamburg 2017
Printed in Germany

„Es gibt kein großes Genie
ohne einen Schuss Verrücktheit."

Aristoteles

Inhaltsverzeichnis

1. Einleitung 9
2. Der Anfang: Wer suchet der findet 11
3. Die ersten Worte 15
4. „Oh mein Gott, so viel Literatur kann ich niemals lesen…" 19
5. Der „Schreibfluss": Das Hoch und Tief der Motivation 23
6. Zeitmanagement, Zielsetzung und Arbeitsplatz 27
7. Übungen zum Stärken deiner mentalen Kraft 30
8. Soziale Kontakte: Familie, Freundeskreis und Gesprächsrunden 34
9. Berufs- und Geldsituation 38
10. Innere Konflikte: Kritiken und Stresssituationen 42
11. Präsentationen der Dissertation auf der Uni 45
12. Mitten drinnen – es läuft 48
13. Das Ziel ist bereits in Sichtweite 52
14. Die Abschlussphase 55
15. Nachwort 59

1. Einleitung

Schön, dass du dich dazu entschieden hast, dieses Buch als Helferlein für dein großes Projekt mitzunehmen. Zu Beginn sollte allerdings gleich gesagt werden, dass dies keine reine Anleitung über den theoretischen Aufbau einer Dissertation ist. Zwar gibt es immer wieder Anregungen und Hilfestellungen, welche die Struktur, mögliche Tücken und vorteilhafte Schreibweisen anbelangen, aber diese sind nicht im formellen Detail ausgeführt. Für nähere Erklärungen diesbezüglich empfehle ich, auf den diversen Universitäten-Homepages und in den jeweiligen Curricula nachzuschauen, da der generelle Ablauf dort meist erläutert ist. Die universitären Beratungsabteilungen bieten sich ebenso an, wenn grundlegende Unklarheiten bestehen. Außerdem kann es auch nicht schaden, sich elementare Unterlagen über wissenschaftliches Arbeiten noch einmal zu Gemüte zu führen, falls die letzte Diplom-/Masterarbeit schon zu lange zurückliegt, um diverse Informationen wieder aufzufrischen.

Grundsätzlich soll dieses Buch eine Stütze und Motivation für alle sein, die das große Vorhaben, eine Dissertation zu schreiben, psychisch unbeschadet, positiv und in einem adäquaten Zeitraum beenden wollen. Es soll auch ein Freund sein für diejenigen, die kaum Bezugspersonen im Studium haben, und sich somit fachlich sowie auch emotional gar nicht oder nur bedingt austauschen können. Während ich meine Doktorarbeit verfasste, wäre so ein Buch für mich äußerst hilfreich gewesen, denn in einigen Momenten war ich am Rande der Verzweiflung. Oftmals hatte ich das Gefühl, mit meinen Emotionen und Ängsten vollkommen allein zu sein. Genau deswegen will ich die Erlebnisse und Erfahrungen aus meiner Studienzeit hier mitteilen.

Es gibt viele verschiedene Motivationsgründe, die jemanden dazu veranlassen, diesen Weg zu gehen und einige Hürden, die bewältigt werden müssen. Nicht alle Studierenden befinden sich in der gleichen Ausgangsposition, denn die jeweiligen Universitäten, Professoren/Professorinnen und Studienrichtungen haben unterschiedliche Schwerpunkte. Doch die Gedanken, Ängste, Zweifel und Problematiken sind bei vielen Menschen gleich. Du denkst dir vielleicht manchmal, dass einige Kommilitonen/Kommilitoninnen besser, weiter, selbstbewusster, schlauer oder fleißiger sind und sicherlich alles mit Leichtigkeit meistern. Dadurch geschieht oft eine unehrliche Kommunikation, das heißt, dass du dir die Situation eher schönredest, ohne dir ehrlich einzugestehen, dass es Momente gibt, in denen du am liebsten aufgeben möchtest. Da dies bei vielen Dissertanten/Dissertantinnen (auch bei mir) der Fall ist, entsteht ein Kreislauf, der einen offenen und aufrichtigen Austausch erschwert. Negative Emotionen werden gerne versteckt, um vor dem Betreuer/der Betreuerin und den Kollegen/Kolleginnen gleich stark zu wirken. Darum wird oft alles Mögliche darangesetzt, alleine damit fertig zu werden, aber das ist nicht förderlich für eine gesunde Psyche und auch absolut nicht nötig. Denn dafür bin ich ja da ☺

In diesem Buch findest du zu den verschiedenen Phasen des Schreibens Ratschläge, die hilfreich sind, um diese Zeit so gut wie möglich überstehen und sogar teilweise genießen zu können. Denn du darfst nicht vergessen, dass meistens nur einmal im Leben solch eine große Arbeit verfasst wird und danach der Unialltag wirklich endet. Du solltest also versuchen, diesen Prozess des Doktorates als einmalige und besondere Phase wahrzunehmen und dich daran zu erfreuen. Es ist auch ein Privileg, das machen zu dürfen, denn viele Menschen haben die finanziellen Mittel nicht, um eine Dissertation schreiben oder überhaupt studieren zu können. Das solltest du dir immer vor Augen halten sowie auch die Tatsache, dass du diese Arbeit verfasst, weil du dich aus freien Stücken heraus dafür entschieden hast und nicht, weil hier ein sozialer oder universitärer Druck herrscht. Damit meine ich, dass dein Pflichtstudium bereits abgeschlossen ist und du zwar noch ein/e Student/Studentin bist, aber dennoch anerkennen solltest, dass der Pflichtteil bereits erfolgreich absolviert wurde, worauf du sehr stolz sein darfst. Mit diesem positiven Grundgefühl ist schon einmal eine gute Basis geschaffen für die darauffolgende, größere Arbeit, deine Dissertation. Also, lass uns gleich starten!

2. Der Anfang: Wer suchet der findet

Meine Gründe, ein Doktoratsstudium zu machen, waren das Interesse an der Thematik und der enorme Tatendrang, eine weitere wissenschaftliche Arbeit zu schreiben. Außerdem wollte und konnte ich mich einfach noch nicht von meinem Universitätsalltag trennen. Viele frisch gebackene Akademiker/Akademikerinnen sind noch unentschlossen, wie ihr Weg nach dem fertigen Studium verlaufen soll und inskribieren sich deshalb weiter an der Uni. Einige haben bereits die Zusage für ein bezahltes Doktorat im Zuge eines Projekts oder einer Lehrstelle. Für andere wiederum ist es eine Art Lebenstraum, den sie sich vielleicht neben dem beruflichen Alltag oder erst in der Pension erfüllen. Welche Geschichte auch immer dich dazu veranlasst hat, das Doktorat zu machen, Fakt ist, dass du, wie jede/jeder andere auch, dabei einmal an einem Startpunkt stehst und hoffst, das Ziel der abgeschlossenen Arbeit in Zukunft zu erreichen. Für diejenigen wie mich, die ein unbezahltes Doktorat antreten und das Thema schon im Sinn haben, aber noch unschlüssig wegen der Betreuungsperson sind, geht's erstmal auf die Suche. Es stellt sich nun die allererste essentielle Frage: „Wer soll mein „Doktorvater" oder meine „Doktormutter" werden?" Bereits hier gehen einem unzählig viele Gedanken durch den Kopf, wie beispielsweise folgende: „Wer nimmt mich mit meinem Thema? Welche/r Professorin/Professor führt mich am besten durch diesen Weg? Wer lässt mich am meisten individuell arbeiten?"

Grundsätzlich darf man zwar den Betreuer/die Betreuerin wechseln, wenn er/sie sich später, aus welchen Gründen auch immer, als unpassend erweist, aber das sollte doch eigentlich vermieden werden, weil hierbei Schwierigkeiten aufkommen können. Wie z.B., dass vieles neu geschrieben werden muss oder man fälschlicherweise glaubt, es nach dem Wechsel besser zu haben, dann aber enttäuscht wird. Und nicht zu vergessen der damit einhergehende Zeitverlust. Auch das Thema kann geändert werden, wenn sich während des Schreibprozesses herausstellt, dass es nicht das richtige ist, doch auch so etwas sollte mit Bedacht getan werden. Am günstigsten ist es, wenn du von vornherein weißt oder dir genau klar wirst, worüber du grundsätzlich schreiben bzw. forschen möchtest, denn daraus schöpfst du zukünftig deine eigene Motivation. Also, versuche bitte unbedingt deine Auswahl des Themas nicht zu überstürzen. Kleine Titeländerungen sind im Nachhinein weniger tragisch, solange der Grundinhalt gleichbleibt. Wenn Leidenschaft und Überzeugung dahinterstehen, verfolgt die Arbeit ein intentional gerichtetes Ziel und hängt nicht nur in der Schwebe oder löst gar das Gefühl aus, dass es dir irgendwie aufoktroyiert wurde. Die Liebe zum eigenen Forschungsbereich ist im weiteren Verlauf oft deine einzige Kraftquelle!

Wichtig ist bei einem Professor/einer Professorin anzufragen, der/die logischerweise auch auf dein Themengebiet spezialisiert ist und nicht nur aus dem Grund, weil er/sie dir sympathisch erscheint. Denn auf die Dauer ist fachliche Beratung die wichtigste Unterstützung und nicht die emotionale Verbundenheit. Denn sehr viele Professoren/Professorinnen, die aus Vorlesungen bekannt sind, wirken oft sympathisch, können aber dann einen strengen Ton anschlagen, wenn es um das wissenschaftliche Arbeiten geht oder auf eine Art und Weise Betreuungsarbeit leisten, die einem persönlich gar nicht zusagt. Summa summarum: Es ist bei niemandem leicht eine Dissertation zu schreiben, weil es keine einfache Arbeit ist. Diese Aufgabe lässt sich erfahrungsgemäß allerdings besser bewältigen, wenn die Betreuung passt. Viele Dissertanten/Dissertantinnen, wie einige meiner Mitstudierenden, wählen gerne ihre/n Diplom-/Masterarbeitsbetreuer/-betreuerin, weil sie wissen, wie er/sie arbeitet, was viele Vorteile mit sich bringen kann. Das ist also durchaus zu empfehlen. Bei mir klappte das aufgrund der Themenwahl nicht und weil andere Faktoren mithineinspielten. Bitte sei nicht enttäuscht, wenn sich die Suche nach deinem/deiner Mr./Mrs. „Prof. Right" schwieriger gestaltet, als du vermutet hast und nimm Absagen nicht zu persönlich. Viele von ihnen müssen selektiv sein, da sie bereits eine Menge Abschlussarbeiten betreuen und ein enormer Zeitmangel vorherrscht. Nicht aufgeben – weitersuchen!

Es ist ebenso klug, aber nicht zwangsläufig notwendig, das Thema der Dissertation an das Thema der Diplom-/Masterarbeit anzulehnen bzw. darauf aufzubauen. Ich meine deswegen klug, weil du dann teilweise in das Themengebiet schon eingelesen bist. Es ist aber nicht zwangsläufig notwendig, da bei der Diplomarbeit oft andere Beweggründe dahinterstecken als bei einer Dissertation. Wie beispielsweise sozialer Druck, der schnellst mögliche Abschluss, zu viel Einfluss von dem Betreuer/der Betreuerin oder zu wenig Interesse an der Materie. Also, das Wichtigste ist das Eigeninteresse, dann bist du meistens von vornherein bereits besser informiert, motiviert und vielleicht sogar schon ein bisschen eingelesen.

Du solltest vorerst genau abchecken, welche deiner Erwartungen die zukünftige Betreuungsperson erfüllen sollte und auch welche Ansprüche sie an dich stellt. Du hast sicherlich aufgrund früherer Abschlussarbeiten verschiedene Erfahrungen mit Professoren/Professorinnen gesammelt und kannst dir daher ein gutes Bild davon machen, wie die optimale Betreuung für dich ablaufen sollte. Mein Doktorvater erfüllte viele meiner Wünsche, wie Strukturiertheit, Engagement, ein enorm breitgefächertes Wissen sowie Interesse an meiner Forschungsmaterie, und es war immer wieder möglich, sich dazwischen mit ihm zu besprechen. Allerdings war er sehr streng, verlangte äußerste Genauigkeit und viel Einsatzbereitschaft. Das hat er beim ersten Treffen auch klar und deutlich erklärt. Das heißt, dass ich gleich wusste, welche Hilfestellungen ich mir von ihm erwarten konnte.

Ein Genauigkeitsanspruch wird verständlicherweise von den meisten Professoren/ Professorinnen erhoben, da es hier ja schließlich auch um ihren Namen geht. Darauf solltest du dich von Anfang an gleich einstellen. Ebenso darauf, dass eine Dissertation noch viel aufwendiger und komplexer ist als eine Diplom- od. Masterarbeit, auch wenn es auf den ersten Blick nicht gleich so erscheinen mag. Anfänglich war ich mir dessen nicht wirklich bewusst, weil ich so schnell nach meinem Abschluss mit dem Doktorat startete, meine Diplomarbeit noch genau im Kopf hatte und mir dachte: „Puh, das war zwar viel Arbeit, aber ich habe alles gemeistert, also schaffe ich die Dissertation sicher auch!" Aber Vorsicht: Das eine impliziert das andere nicht automatisch. Die Diplomarbeit birgt wiederum andere Tücken in sich, die zwar ebenso schwer und problematisch sein können, aber mit der Doktorarbeit nicht immer vergleichbar sind. Das ist mir im Laufe der Zeit schmerzlich bewusst geworden. Darum war ich nicht nur einmal kurz davor, alles hinzuschmeißen und verschiedene Menschen in meinem Umfeld dafür zu verfluchen, dass sie mich nicht vom Doktorat abgehalten haben. Solche emotionalen Ausbrüche sind völlig normal, wichtig ist nur, sich davon nicht einschüchtern zu lassen. Deshalb beziehe ich dieses Buch speziell auf das Verfassen einer Dissertation, obwohl klarerweise einige Empfehlungen, die in den nächsten Kapiteln beschrieben werden, auch für das Absolvieren jeder wissenschaftlichen Arbeit nützlich sein können.

Hast du dann die passende Person gefunden, die deine Doktorarbeit betreut, geht es nun darum, eine Projektbeschreibung oder Inhaltsangabe zu erstellen, um diese auch für das Sekretariat bzw. den Dekan/die Dekanin des Institutes abzugeben, damit das Thema gemeldet sowie bestätigt werden kann.

Ich fasse immer wieder einige Punkte zusammen, die in den jeweiligen Kapiteln wichtig erscheinen, damit du diese gleich auf den ersten Blick findest, wenn du dieselbe oder eine ähnliche Situation gerade erlebst. Also:

- Sich darüber bewusst werden, dass die Dissertation mehr Aufwand und anders ist als eine Diplom-/Masterarbeit
- Das Thema mit Bedacht wählen → Eigeninteresse
- Bei Ablehnungen von Professoren/Professorinnen trotzdem weitermachen und nicht verzagen
- Die Betreuungsperson bestmöglich nach den selbst zuvor formulierten Kriterien auswählen und diese Punkte auch genau mit ihr besprechen
- Fachliche Qualifikationen der Sympathie bei der Suche nach geeigneter Betreuung vorziehen

3. Die ersten Worte

Im vorigen Kapitel sind wir beim Verfassen eines Exposés bzw. einer Projektbeschreibung stehen geblieben. Wie einleitend schon erwähnt, ist das prinzipiell kein reiner Ratgeber über die fachliche Vorgangsweise des wissenschaftlichen Arbeitens, aber wichtige Eckpunkte nenne ich trotzdem, weil sich hierbei Tücken verbergen können. Eine große Tücke ist, dass du am Anfang kein Exposé verfassen musst. Es gibt Betreuer/Betreuerinnen denen nur eine etwas ausführlichere Inhaltsangabe genügt und du denkst dir womöglich, dass das vorteilhaft sei. Aber nein! Das ist es ganz und gar nicht. Erstens ist eine Inhaltsangabe viel zu vage und beinhaltet Punkte, die sich im Laufe der Zeit massiv ändern können oder wegfallen, und zweitens dient dieses Exposé als Antrieb, um sich in die Literatur einzulesen.

Bei einem Inhaltsverzeichnis werden nur Überschriften genannt, die zwar zum Forschungsgebiet passen, aber noch einer weitaus genaueren Überprüfung bedürfen. Außerdem kommt es in der anfänglichen Überschwänglichkeit oftmals dazu, dass aufgrund der mangelnden Fähigkeit, das Ausmaß richtig abschätzen zu können, übermäßig viele Themen angeschnitten werden. Wäre ich nach meinem ersten Entwurf des Inhaltsverzeichnisses vorgegangen, würde ich noch viele weitere Jahre (oder Jahrzehnte) an meiner Arbeit schreiben. Im Laufe der Zeit erkannte ich, dass es gar nicht möglich ist, alle anfänglich aufgelisteten Inhaltspunkte zu bearbeiten, darüber hinaus kamen wichtige Elemente hinzu, die zuvor gar nicht von mir berücksichtigt wurden. Wie du siehst, ist eine Inhaltsangabe einfach zu ungenau. Für dein Gehirn ist eine klare Struktur wichtig, damit du überhaupt die Motivation bekommst dich regelmäßig hinzusetzten und zu schreiben.

Eine Projektbeschreibung sollte ca. 15 Seiten umfassen, deine Problemstellungen mit lösungsorientierten Forschungsmethoden präsentieren, und einen Zeitplan sowie eine Literaturangabe beinhalten. Diese solltest du auf jeden Fall zu Beginn verfassen, ob es verlangt wird oder nicht. Das bildet nämlich stabile Eckpfeiler auf die sich deine gesamte Arbeit stützen kann. Auch wenn davon einiges sowohl inhaltlich als auch strukturell noch verändert wird, so gibt ein Exposé trotzdem eine erste Richtung vor und zwar nicht nur auf dem Papier oder für andere Personen, sondern hauptsächlich für dich selbst und dein Gehirn. Das ist eine gute Möglichkeit, um von Anfang an strukturiert zu arbeiten. Abgesehen davon, dass du mit einer

Projektbeschreibung immer etwas vorzuweisen hast, wenn die Arbeit in einem Seminar oder für ein Stipendium präsentiert werden soll, beginnst du in erster Linie dich einzuarbeiten und setzt die primären wichtigen Schritte.

Immer wieder wurde ich von verschiedenen Personen gefragt, wie man bei so einem großen Projekt überhaupt anfangen soll zu schreiben. Ehrlich gesagt, habe ich mich das auch selbst oftmals gefragt, aber darauf gibt es tatsächlich nur eine Antwort: Einfach schreiben! Das bedeutet, dass du dich hinsetzten und einfach alles aufschreiben solltest, was dir in den Sinn kommt, unabhängig davon, ob im Nachhinein das Geschriebene gänzlich verwendbar ist oder nicht. Und vor allem unabhängig davon, ob es im ersten Moment wissenschaftlich ist oder nicht. Die Ideen sollen fließen und das gelingt nicht, wenn du schon mit dem Druckgefühl im Nacken dabeisitzt, dass jeder Satz eine empirische Koryphäe sein muss. Zuerst geht es darum wichtige Ideen, Fragestellungen, Erkenntnisse und Problematiken, die du im Laufe deiner Forschung behandeln möchtest, zu Papier zu bringen. Es gibt verschiedene Möglichkeiten dies zu gliedern. Eine davon ist, ganz klassisch hintereinander alles aufzuschreiben und das Geschriebene in einem Dokument (z.B. unter dem Titel „Dissertation") abzuspeichern.

Eine andere Variante, welche mir gut geholfen hat, ist die Gliederung der Hauptteile in Einzelelemente, die dann jeweils in eigene Dokumente (z.B. unter die Titel „Kapitel 1, 2, 3...") abgespeichert werden. Das hat den Vorteil, dass du nicht immer damit konfrontiert wirst, gerade eine Dissertation zu verfassen, sondern dich selbst ein bisschen austrickst. Jedes einzelne Dokument gleicht dann mehr einer Seminararbeit und scheint somit minimalistischer sowie leichter bewältigbar zu sein. Man läuft dadurch weniger Gefahr, von der enormen Komplexität dieser Arbeit übermannt zu werden. Später müssen die Teile sowieso fusionieren, aber für den Anfang kann dies eine nützliche Methode sein. Das heißt, es gibt beispielsweise Themen von A bis J und immer, wenn dir zu Thema A etwas einfällt oder etwas Passendes gelesen wurde, öffnest du einfach dieses Dokument und fügst die Informationen hinzu. Relevante Passagen von der Projektbeschreibung können ebenso in die jeweiligen Kapitel abgespeichert werden.

Bevor du diese Schritte unternimmst ist es allerdings vorteilhaft, dein Forschungsprojekt absegnen zu lassen, wenn es möglich ist. Sollte die Betreuungsperson grundsätzlich davon abgeneigt sein ein Exposé vorab zu erhalten und durchlesen zu müssen, bitte sie höflich darum. Denn es ist gut, dass du so früh wie möglich weißt, ob die Richtung sowie dein Schreibstil passen oder nicht. Normalerweise sollte das kein Problem darstellen, aber da das selbstständige Arbeiten oberste Priorität hat, wollen einige Professoren/Professorinnen die Texte erst ab einer bestimmten Seitenanzahl oder überhaupt ausschließlich das fertige Manuskript durchlesen, so wie es bei einer Kollegin von mir der Fall war. Sie meinte, dass ihr diese Art der Betreuung zwar generell zusagt, weil sie völlig frei schreiben könne, mit dieser Freiheit allerdings auch große Schwierigkeiten verbunden seien. Sie war dadurch völlig auf sich allein gestellt und unsicher, ob die Methodik ihrer Forschung überhaupt passend ist. Zusätzlich scheute sie sich davor, ihren Betreuer direkt darauf anzusprechen. So etwas kann schon mühselig sein, ist allerdings auch eine Typsache, denn nicht alle Dissertanten/Dissertantinnen wollen dasselbe von einer Betreuung. An dieser Stelle möchte ich wieder auf den wichtigen Punkt in Kapitel 2 verweisen, nämlich, dass vorab genau geklärt wird, wie ein Professor/eine Professorin arbeitet, was er/sie verlangt und wie er/sie sich das Prozedere vorstellt, bevor diese Person deine Arbeit betreut. Das heißt nicht, dass nicht plötzlich unvorhergesehene Problematiken auftreten oder dich später nicht auch einige Dinge stören können, obwohl du weißt, worauf du dich eingelassen hast. Denn nur weil etwas rational erfassbar ist, bedeutet es nicht, dass es dich nicht trotzdem emotional aufwühlen kann. Das Hauptaufgabengebiet der Betreuer/Betreuerinnen ist das Heranführen der Studierenden an das selbstständige wissenschaftliche Forschen, alles Weitere ist variabel.

Oftmals müssen eben auch Kompromisse eingegangen werden und es ist vorteilhaft, schnell zu akzeptieren, dass der Betreuer/die Betreuerin aufgrund ihrer/seiner Erfahrung und Position immer am längeren Ast sitzt. Somit hat rebellisches Ankämpfen keinen Sinn und ist Energieverschwendung. Trotzdem solltest du schon zu deinem Standpunkt stehen, wenn dieser vernünftig begründet werden kann – das richtige Mittelmaß ist hierbei gefragt. Wenn ich streng kritisiert wurde, löste das schon manchmal starke Frustrations- und Desillusionierungsgefühle in mir aus. Das war durchaus schwierig, doch es ließ sich überwinden und die Kritik war letztendlich sogar zweckdienlich, um das Beste aus mir herauszuholen. Aber diese Thematik wird in Kapitel 10 noch genauer erörtert.

Zurück zum Schreibbeginn: Also, du kannst zuerst einmal Ideen sammeln und diese einfach aufschreiben. Viele Menschen machen „mindmaps" oder bringen ihre Gedanken tabellarisch zu Papier. Dies sollte vorerst ohne den universitär-autoritären Zwang geschehen empirisch signifikant schreiben zu müssen, denn nur so kann die anfängliche Hürde der ersten Worte bestmöglich überwunden werden. Danach solltest du selbstverständlich schon genau auf die Wissenschaftlichkeit achten und gleich auf Literatursuche gehen. Um ein Exposé zu verfassen, wird bereits Kenntnis über den Inhalt einiger Bücher und Artikel benötigt, dadurch gewinnst du gleich einen groben Einblick zu jedem Kapitel. Deshalb solltest du dich auch damit befassen, die Literatur zu den Kapiteln schnellstmöglich gezielt zu recherchieren. Wieder werden die wichtigsten Tipps zusammengefasst aufgelistet:

- Verfasse unbedingt ein Exposé mit oder ohne Anforderung
- Fang einfach an zwanglos deine Ideen aufzuschreiben, um die Hürde der ersten Worte zu überwinden
- Ordne schon am Anfang die Kapitel in Einzeldokumente, um nicht von der Komplexität der Arbeit übermannt zu werden
- Beginne gleich mit der Literaturrecherche

4. „Oh mein Gott, so viel Literatur kann ich niemals lesen..."

...und das musst du auch nicht!

Ein wichtiges Ziel, dass das Schreiben einer wissenschaftlichen Arbeit verfolgt, ist die Fähigkeit selbstständig aus Texten herauszufinden, welche Teile für deine Forschungen relevant sind, diese kritisch zu durchleuchten und in deine Hypothesen einzubauen. In diesem Fall ist es zwar umfangreicher und um einiges genauer, als bei anderen wissenschaftlichen Arbeiten, aber von der elementaren Vorgehensweise her ident. Wie starte ich also meine Literaturrecherche?

Als erstes ist der Betreuer/die Betreuerin die erste Ansprechperson, um relevante Literaturempfehlungen zu bekommen. Keine falsche Scheu, du kannst diesbezüglich auch andere Professoren/Professorinnen zu Rate ziehen, welche in bestimmten Teilbereichen deiner Arbeit Spezialisten/Spezialistinnen sind. Denn wenn du eine Liste oder zumindest ein paar Buchempfehlungen bereits vorab erhältst, ist der Start ein bisschen leichter. Wenn nicht, muss gleich auf eigene Faust recherchiert werden. Also, auf zur Bibliothek! Bei den meisten Unis kann gleich online gesucht und bestellt werden, was bequem von zuhause aus geht. Klar, kannst du auch auf „oldschool" machen und vor Ort suchen, das ist oft ganz profitabel, weil du dabei zufällig über Werke stolpern kannst, die eine hohe themenbezogene Relevanz aufweisen. Je mehr Bücher du ausborgst, desto besser ist es für deine Finanzen, aber Achtung: Die Bücher müssen wieder rechtzeitig zurückgegeben werden und zwar schneller, als es einem vorkommt – das kann ziemlich stressig werden. Darum empfehle ich, dass du dich, nachdem das Exposé verfasst wurde, auf ein Hauptkapitel konzentrierst und versuchst literaturtechnisch systematisch vorzugehen.

Du solltest mit dem Kapitel beginnen, das dir am leichtesten fällt und das muss nicht zwangsläufig das erste sein. Bei einer Arbeit dieser Größenordnung ist es nicht mehr so einfach möglich, strikt hintereinander nach der Struktur von Nummer 1 bis 10 vorzugehen, weil viele Bereiche ineinanderfließen und oft etwas Unvorhergesehenes hinzukommt, das sofort bearbeitet werden muss. Und so entstehen, wie bei einem Puzzle überall kleine Teilbereiche, die später zusammengefügt werden und ein großes „Dissertationsbild" ergeben. Trotzdem ist es ratsam, dass du für dich selbst eine Richtlinie verfolgst. Auch wenn gewisse Ereignisse hinzukommen, die dich aus der Reihe tanzen lassen, solltest du zum eigenen System wieder zurückfinden, denn das kann stabilisierend auf das emotionale Gleichgewicht wirken. Wenn du beginnst am Abschnitt A zu arbeiten und dir genau dafür die Bücher ausgeborgt hast, dann lass dich nicht von deinem Weg abbringen, es sei denn die Situation erfordert es unabdinglich. Ich habe mit Kapitel 1 zu schreiben begonnen, über die Musik im alten Griechenland, mir dazu jede Menge Literatur ausgeborgt und mit der Zeit kam ich wirklich in einen sogenannten „Schreibfluss". Plötzlich ergab sich früher als erwartet die einmalige Chance, jemanden für meinen praktischen Teil zu interviewen und seine Arbeitspraxis zu protokollieren. Aber um das in Anspruch nehmen zu können, mussten vorerst die Interviewfragen ausgearbeitet werden und das implizierte selbstverständlich die theoretische Kenntnis über dieses Fachgebiet. Dies veranlasste mich dazu, die Griechen beiseite zu legen und umgehend mit diesem praktischen Part zu beginnen. So etwas kann im Laufe des Schreibens öfter vorkommen.

An dieser Stelle weichte ich von meinem Vorhaben ab und konzentrierte mich auf etwas Neues. Flexibilität war nun gefragt. Jedes Kapitel ist gewissermaßen wie ein Neuanfang. Es wäre wünschenswert, dass sich alles der Reihe nach bearbeiten und beenden lässt, doch ist das in der Realität kaum umsetzbar. Darum hier meine Lösung: Ich lese mich soweit in das neue Kapitel ein, dass das Verfassen der Interviewfragen möglich ist und ich genug Kenntnis über diese Thematik habe, kehre aber danach gleich wieder zum Status quo, in diesem Fall zu den Griechen, zurück. Auch wenn es verführerisch erscheint, gleich diesen neuen Forschungsgegenstand weiterzubearbeiten, weil es etwas anderes ist, versuche ich mein ursprüngliches Konzept weiterzuverfolgen. Nicht nur ein Interview kann dazwischenkommen, sondern auch eine wichtige Literatur über ein anderes Kapitel; ein Buch, das nur sehr kurz ausgeliehen werden kann; die Betreuungsperson, welche auf die Dringlichkeit eines anderen Themas verweist oder eine Präsentation im Rahmen einer Lehrveranstaltung/eines Seminars.

Der Punkt ist, dass du dir etwas vornimmst und plötzlich Unvorhergesehenes eintritt, das andere Maßnahmen erfordert. Flexibilität ja, aber nur solange es notwendig ist, danach solltest du wieder deine eigene Zielsetzung verfolgen. Warum? Das trainiert die Standhaftigkeit, damit du dich nicht hin und her bewegen lässt, wie ein Blatt im Wind, sondern lernst, deiner Linie treu zu bleiben und die Ordnung im Kopf beibehältst. Du kannst wichtige Teile der Bücher gleich exzerpieren, wenn sie dir unterkommen und abspeichern oder du verwendest, sowie ich, Klebezettel, die du an die jeweiligen Stellen heftest und mit Stichwörtern markierst. Beides ist hilfreich. Nur ersteres ist wahrscheinlich aufwendiger, aber im Nachhinein problemloser, wenn das Buch wieder zurückgeben werden muss, da die wichtigsten Teile bereits herausgeschrieben wurden. Bei der zweiten Variante behältst du einfach die Klebezettel, welche du mit Stichworten und Seitenangaben versehen kannst, und klebst sie der Reihe nach auf einen großen Zettel, den du mit dem Buchtitel beschriftest. Dann kannst du die Literatur zurückgeben und wenn du sie später wieder ausborgst, sind die wichtigen Teile bereits markiert, denn meistens ist es nicht schaffbar jedes gelesene oder entliehene Exemplar sofort in die Arbeit miteinzubeziehen. Ist eine Literatur besonders wichtig und wird immer wieder benötigt, dann ist es vorteilhaft, diese zu kaufen oder die relevanten Kapitel zu kopieren.

Warum ich anfangs geschrieben habe, dass nicht jede Literatur gänzlich gelesen werden muss, liegt daran, dass du erkennen solltest, welche Abschnitte daraus für deine Dissertation brauchbar sind. Interessanterweise führt eine Literatur oft zur anderen. Dadurch, dass Sekundärzitate gemieden werden sollen, beachtet man unweigerlich die Fußnoten sowie das Literaturverzeichnis und diese führen dann wieder zu neuen Büchern bzw. Quellen, die für die Arbeit wichtig sind - so spinnt sich dann das Netz immer weiter. Du beginnst immer mehr und besser quer zu lesen. Aber das ist ein Prozess der sich mit der Zeit entwickelt und nicht erzwungen werden kann oder muss. Ähnliches hast du sicher schon bei einer früheren Abschlussarbeit erlebt, nur ist in diesem Fall die Dimension größer. Bitte beachte stets die wissenschaftliche Qualität der Werke! Nicht jede Literatur ist fachlich kompetent und geeignet als Quelle für eine Dissertation zu dienen, das muss genau abgeklärt werden, indem beispielsweise der Autor/die Autorin in Augenschein genommen wird. Trotzdem kannst du solche unwissenschaftlichen Bücher auch lesen, wenn sie inhaltlich relevant sind, um neue Inspirationen zu gewinnen. Ich fasse zusammen:

- Die Betreuungsperson oder andere Professoren/Professorinnen um Literaturempfehlungen bitten

- Dich auf ein Kapitel konzentrieren und dazu die passende Literatur suchen → für den Anfang am besten das Lieblingskapitel wählen
- Dem eigenen Weg treu bleiben und dahin zurückkehren, wenn du davon abgekommen bist
- Relevante Teile aus Büchern/Artikeln/Paper sofort herausschreiben oder markieren
- Die fachliche Kompetenz der Literatur beachten

5. Der „Schreibfluss": Das Hoch und Tief der Motivation

„Und wenn man schon einmal im Schreibfluss drinnen ist, geht es einfach wie von allein!" Bei dieser Aussage muss ich immer wieder lachen, vor allem dann, wenn sie von Dissertanten/Dissertantinnen selbst kommt. Wer das von einer Doktorarbeit behauptet, lebt in einer Traumwelt oder lügt absichtlich. Wäre es so, hätten wir diese durchschnittlich 200 Seiten locker in ein paar Wochen heruntergeschrieben, und alle Absolventen/Absolventinnen würden, ohne mit der Wimper zu zucken, sofort das Doktorat antreten, weil es ja so einfach geht. Die Wahrheit ist, dass es ständig eine neue Herausforderung darstellt überhaupt in das Schreiben, geschweige denn in einen Schreibfluss, hineinzukommen, besonders nach längeren Unterbrechungen - oft sogar schon nach einer kurzen Toilettenpause. Das liegt daran, dass wir hier keinen kleinen Artikel oder einen netten Aufsatz verfassen, bei dem der Kuss einer Muse gepaart mit dem nötigen Knowhow ausreicht, um einen spannenden Text entstehen zu lassen. Sondern es handelt sich um eine wissenschaftliche Forschungsarbeit, die immer wieder aufs Neue durchleuchtet und analysiert werden muss.

Trotzdem kannst du schon in einen „Flow" kommen, aber der ist eher vergleichbar mit einer Routine, die langsam entsteht, während du dich in eine Thematik einarbeitest und weil durch das Lesen viel Wissen angehäuft wird, das du zu Papier bringen kannst. Es ist somit ein Prozess, der mehr auf der rationalen Ebene stattfindet als auf der emotionalen und dadurch die künstlerischen Aspekte, im Sinne von spontanen Eingebungen, eher außen vor lässt. Solche Momente gibt es natürlich auch, aber sie sind leider selten und es ist besser von vorn herein nicht damit zu rechnen, sonst sitzt du vielleicht enttäuscht vor dem Computer und sagst dir (sowie ich öfter): „Das gibt es ja nicht, ich bin stundenlang vor der Arbeit gesessen, habe gelesen und recherchiert, doch es sind nur ein paar Sätze dabei herausgekommen. Wahrscheinlich habe ich eine Schreibblockade!"

Tja, solche Situationen gibt es leider häufiger beim Schreiben. Keine Sorge, sie gehen aber wieder vorüber, wenn man diesen „Blackouts" nicht zu viel Aufmerksamkeit schenkt. Die Recherchearbeit ist genauso aufwendig und das wird allzu oft übersehen. Denn das Untersuchen, ob bestimmte Quellen richtig sind, Vergleichen mit anderen Büchern, Lesen, Nachdenken und Analysieren kosten jede Menge Zeit und bringen häufig eben keine sofort sichtbaren Resultate. Das heißt aber nicht, dass du nichts getan hast! Hier ist es wichtig, dich nicht selbst zu degradieren, sondern an der Sache dran zu bleiben und für das eigene Selbstwertgefühl genau aufzuschreiben, was du alles an diesem Tag gemacht hast. Es ist ebenso hilfreich, die Tätigkeiten außerhalb der Dissertation schriftlich festzuhalten, denn meistens fällt dann erst auf, dass doch so einiges an diesem Tag erledigt wurde. Und abgesehen davon, musst du sowieso nicht immer alles rechtfertigen, weder vor den anderen noch vor dir selbst bzw. den unzähligen Kritikerstimmen im eigenen Kopf, die sich gerne zu Wort melden. Manche Dinge kannst du auch einfach einmal so annehmen wie sie sind, ohne sie großartig analysieren zu müssen, denn sie brauchen einfach ihre Zeit. Ach ja, und du darfst dich ruhig auch einmal selbst loben, denn das kann sehr erbaulich sein. (Um das Sprichwort gleich zu entkräften: Eigenlob stinkt nur dann, wenn es zur Erniedrigung anderer, im Zuge absichtlicher Angeberei, benutzt wird. Für die reine Selbstmotivation ist es bestens geeignet ☺)

Der wissenschaftliche Anspruch an diese Forschungsarbeit ist sehr hoch, darum ist es besser du benötigst an gewissen Tagen länger um vernünftige Hypothesen aufzustellen, als du schreibst sehr viel und nichts davon ist im Endeffekt brauchbar. Wichtig ist, dich nicht schuldig oder untätig zu fühlen, nur weil es wieder einmal für andere (oder die kritische Stimme in dir) nicht so wirkt, als hättest du etwas Essentielles hervorgebracht. Ich weiß, das ist teilweise eine undankbare Arbeit und es wird vielleicht Menschen in deinem Umfeld geben, die so etwas nicht verstehen, da ihnen die Thematik fremd ist oder sie sich einfach darüber wundern, warum du nichts arbeitest, das mehr Geld einbringt. Du musst dich allerdings keineswegs entschuldigen oder verteidigen, denn es ist dein Leben, es sind deine Entscheidungen und neues Wissen zu erlangen ist etwas Positives.

Zurückkommend auf die, bei literarischen Tätigkeiten allseits bekannte, Schreibblockade, welche in diesem Kapitel natürlich nicht fehlen darf, möchte ich nun ihren möglichen Background erläutern. Dahinter stecken häufig emotionale Themen, die einen generell im Leben herausfordern und in Grenzsituationen psychischer Belastbarkeit an die Oberfläche treten. Meiner Erfahrung nach handelt es sich dabei oft um starke Zweifel, Versagensängste, perfektionistische Vorstellungen oder um die Angst vor Neuem, welche eine Unterbrechung des Schreibprozesses regelrecht erzwingen. Dauern diese Phasen nur kurz an, ist das zwar belastend, aber eher unbedenklich, denn die zuvor genannten emotionalen Verstimmungen können schon öfter einmal im Laufe des Doktorates zum Vorschein kommen. Wenn diese allerdings vollkommen hinderlich sind für das Wiederaufnehmen und Fortfahren des Schreibens, empfiehlt es sich den eigenen psychischen Problematiken auf den Grund zu gehen und gegebenenfalls das Selbstwertgefühl wieder zu stärken, entweder durch Eigeninitiative oder durch Fremdhilfe. Manchmal ist es schon ausreichend, einmal genauer zu reflektieren, worin der Ursprung solcher negativen Gefühle liegt, um die Gedankenmuster verändern zu können, die diese Blockade auslösen.

Wenn das Schreiben gar nicht mehr möglich ist, weil alles in dir plötzlich stagniert oder dich sonstige Ereignisse gerade zu sehr fordern, dann spricht nichts dagegen, alles einmal für eine kurze Zeit liegen und stehen zu lassen. Was heißt eine kurze Zeit konkret? Das ist nicht so einfach zu beantworten, da jeder Mensch anders auf Arbeitspausen reagiert. Hierbei bleibt mir also nur die Pauschalaussage: So kurz wie möglich! Das Maximum an durchgehender Nicht-Dissertations-Schreibzeit waren bei mir drei Monate und das auch deswegen, weil ich vier Wochen davon im Ausland verbracht habe. Danach war es für mich verdammt schwer wieder hineinzufinden und ich musste viel bereits Gelesenes noch einmal durcharbeiten, weil ich den roten Faden verloren hatte. Am besten wären Tagespausen. Das heißt z.B. fünf Tage in der Woche schreiben und zwei Tage frei nehmen. Wenn du eine längere Unterbrechung vornehmen musst, empfehle ich maximal fünf Wochen hintereinander zu pausieren und in diesem Zeitraum vielleicht sogar eine relevante Literatur zu lesen, damit du gedanklich dabeibleibst.

Solltest du eine so lange Schreibunterbrechung antreten, wäre es sehr gut, wenn das nicht aus Erschöpfung oder aus Frust geschieht, sondern weil du dir das bewusst vornimmst. Das lässt sich bedauerlicherweise nicht immer so einfach managen, weil dieses Limit oft viel zu leicht übersehen wird. Denn neben dem allzu bekannten Motivationstief, gibt es auch das Motivationshoch, das genauso negativ wirken kann wie die erste Variante, da beide häufig Teil eines gemeinsamen Kreislaufes sind. Zuerst ist eine hohe Einsatzbereitschaft gegeben, wodurch ein inhaltliches und zeitliches Ziel gesetzt wird, wie z.B. ein Kapitel an einem bestimmten Datum fertig zu stellen und dieses dem/der Professor/der Professorin vorzulegen. Es kann dann allerdings vorkommen, dass dieses Vorhaben nur mit viel Kraftaufwand oder auch gar nicht geschafft wird, weil die Zielsetzung von Anfang an unrealistisch hoch war. Aufgrund des Versagens oder weil von der Betreuungsperson die gewünschte Anerkennung ausbleibt, ist die Folge daraus oft Frustration, die dazu führt, dass die Dissertation für eine Weile niederlegt wird. Im Motivationstief angelangt, lässt sich der Schreibprozess schwer wiederaufnehmen. In diesem Fall hilft es, vorab nach Zielvorstellungen zu streben, die auch realistisch erreichbar sind und das ist eine optimale Überleitung zum nächsten Kapitel über Zeitmanagement, Zielsetzungen und den Arbeitsplatz. Doch vorerst werden wieder die Kernaussagen für dich zusammengefasst:

- Den wissenschaftlichen Anspruch erkennen und keinen kreativen „Schreibfluss" erwarten
- Besser wenige qualitative Sätze als quantitatives, inhaltsleeres Geschreibe hervorbringen
- Empfehlung: Maximal fünf Wochen durchgehende Schreibpause und grundsätzliche längere Pausen bewusst einteilen
- Motivationshoch und Motivationstief können in diesem Prozess beide gleichermaßen hinderlich sein, weil das eine oft zum anderen führt
- Realistische Zielsetzungen erleichtern einen sinnvollen Mittelweg

6. Zeitmanagement, Zielsetzung und Arbeitsplatz

Um Schwankungen in der Motivation und auch Enttäuschungen (so gut es geht) zu vermeiden, solltest du dir einen adäquaten Zeitplan erstellen, der sowohl umsetzbar als auch interessant gestaltet ist. Dieser kann sehr individuell sein, da jeder Mensch auch andere Arbeitszeiten präferiert. Oftmals gilt die Einstellung als zweckdienlich, das Schreiben der Doktorarbeit wie jeden anderen Job auszuführen und als diesen anzuerkennen. Das heißt, gewisse Stunden, die an einem Tag vorgegeben sind, auch einzuhalten. In diesem Fall gibst du die Arbeitszeit selbst vor und bist sozusagen deine eigene Führungsperson. Diese Einstellung ist deswegen vernünftig, weil du dir dadurch im Kopf eine Pflichtsituation schaffst, die es zu erfüllen gilt. Das ist nur einer von vielen Tricks, den du anwenden kannst, um dich selbst ein bisschen zu „manipulieren" und den sogenannten inneren Schweinehund zu überwinden.

Bei mir startete mein „Arbeitstag" im besten Fall um 8 oder 9 Uhr morgens und dauerte bis 17 Uhr oder auch länger, wenn alles gut lief. Ich hatte fünf Mal in der Woche schon ein „Ritual": Aufstehen – ins Bad gehen – ein paar Fitnessübungen machen (ok, oft waren es nur 20 Hampelmänner, aber auch das ist besser als nichts ☺) – Kaffee u. Fruchtsaft bereitstellen – an die Arbeit – Mittagspause um 13 Uhr, ca. eine Stunde lang – an die Arbeit – kurze Nachmittagspause um 15 Uhr, mit der Dauer von ca. 30 min. – an die Arbeit! Dieses strikte Programm konnte ich allerdings nicht ewig durchziehen, manchmal nur ein bis zwei Wochen hintereinander, da ich nebenbei immer wieder Jobs ausüben musste, um Geld zu verdienen, aber diese Zeit teilte ich mir effektiv ein. Das beschriebene „Ritual" ist ein Beispiel, das allerdings nicht immer erfüllbar war. Wenn ich also mehr externe Arbeit zu erledigen hatte, versuchte ich zumindest drei Mal in der Woche effektiv zu schreiben für je vier Stunden. Doch auch hierbei gab es Schwankungen, da das Leben nun einmal verschiedene Facetten aufweist und spontane Gegebenheiten mit sich bringt, die eine strikte Einhaltung aller vorgegebenen Strukturen oft maßgeblich erschweren.

Wichtig sind diese Vorgaben trotzdem für die Motivation, auch wenn sie nicht immer korrekt erfüllbar sind. Obwohl es oft schwierig ist und Überwindung kostet, solltest du dich immer wieder zu deiner Arbeit setzen. Das heißt aber nicht, dass du dich selbst schlecht fühlen musst, wenn nicht immer alles strikt nach Plan verläuft. Es gibt auch viele andere Dinge nebenbei zu erledigen und das Doktorat ist ein Prozess, der ohnehin seine Zeit benötigt um zu reifen. Also, solltest du zwar einen gesunden Selbstdruck ausüben, um dich anzuspornen, aber keinesfalls eine unangenehme Stresssituation schaffen, denn das demotiviert gewaltig. Bei dieser großen Arbeit musst du dich hundertprozentig immer wieder selbst antreiben, denn hierbei sagt dir niemand mehr, bzw. kann dir niemand sagen, was du wann oder warum tun sollst. Du kennst das vielleicht noch von deiner Diplom-/Masterarbeit, da auch dabei selbstständiges Arbeiten einen hohen Stellenwert hat, dennoch gibt der Professor/die Professorin in vielen Fällen noch ein bisschen mehr Rahmen vor. Im Doktorat bist du meistens völlig auf dich allein gestellt. Du hast keine/n Motivatorin/Motivator mehr. Auch der fachliche Austausch mit Kommilitonen/Kommilitoninnen gestaltet sich zunehmend schwieriger, weil niemand von deinem Thema so eine Ahnung hat wie du und deine Betreuungsperson, die aber auch nur ihre Wahrheit und ihren Bereich an Wissen weitergeben kann. Das klingt schockierend und hart, aber es ist gut sich gleich darauf einzustellen, dass du der einzige Mensch bist, auf den du dich hauptsächlich verlassen solltest. Ergo, sei lieb zu dir selbst!

Der Arbeitsplatz ist auch ein Aspekt, der nicht unerheblich ist, denn dort verbringst du ja die meiste Zeit. Darum sollte dieser so gestaltet werden, wie er logischerweise für dich schreibförderlich ist. Hier habe ich grob gesagt zwei Verhaltensweisen von Menschen bemerkt: 1. Diejenigen, die zuhause schreiben/forschen, zu denen ich zählte und 2. die Studierenden, die Plätze in der Uni aufsuchen, um dort ihrer Forschungsarbeit nachzugehen. Beides ist völlig in Ordnung. Auch die Kombination ist absolut akzeptabel, denn es kommt schließlich und endlich nur darauf an, dass du dich wohlfühlst. Die Vorteile bei Punkt 1 sind folglich: Es ist keine schöne Kleidung oder ein „Aufstylen" erforderlich, denn du kannst auch in den Schlafklamotten verbleibend schreiben, zusätzlich hast du (fast) alles zuhause was du brauchst und musst weder deine Utensilien irgendwo herumschleppen noch viel Geld für Verpflegung ausgeben.

Bei Punkt 2 lässt sich der große Vorteil erkennen, wie er mir auch sehr oft von Kollegen/Kolleginnen berichtet wurde, dass dies eine realistische Arbeitssituation darstellt, die einen feststehenden Beginn sowie auch ein Ende hat, indem man die Lokation nicht nur physisch wechselt, sondern dadurch mental leichter umdenken kann. Das klappt zwar nicht immer, aber durch die Assoziation mit einer Berufssituation ist dies auf jeden Fall eine fruchtbare Möglichkeit, um eine bestimmte

Routine zu erzeugen. Außerdem ist die Nutzung der Wohnsituation als Arbeitsplatz ja auch nicht immer so einfach, aufgrund von Platzmangel, Wohngemeinschaft, Familie, Geräuschkulisse etc. Für welche Variante auch immer du dich entscheidest, die allgemeinen Empfehlungen, dass der Raum hell bzw. gut belichtet, nicht zu laut und der Schreibtisch aufgeräumt ist, sind für zuhause sowie auch bei externen Arbeitsplätzen vorteilhaft. Nicht nur der Schreibtisch sollte sauber sein, sondern wichtig ist auch, dass alle Unterlagen, Zettel, Notizen und sonstige Materialien ihren geordneten Platz haben. Denn Ordnung am Arbeitsplatz bedeutet Ordnung im Kopf und die Utensilien sind dann auch schneller griffbereit. Passend dazu, folgende Punkte auf einen Blick:

- Die Arbeits- bzw. Schreibzeiten einhalten wie einen Beruf
- Vernünftige Zeiteinteilung und umsetzbare Wochen- bzw. Monatsplanung erstellen
- Rituale festsetzen zur Motivation u. Visualisierung des Ziels
- Gesunder Selbstdruck, keine Selbsttyrannei – Du bist dein eigener Motivationscoach
- Den optimalen Arbeitsplatz gestalten: Ordnung am Schreibtisch = Ordnung im Kopf

7. Übungen zum Stärken deiner mentalen Kraft

Es gibt jede Menge Bücher in Bezug auf positives Mentaltraining. Ich könnte dir nun unzählig viele lukrative Entspannungs- Motivations- und Konzentrationsübungen erläutern sowie Autoren/Autorinnen nennen, die darüber ausführlich geschrieben haben. Das mache ich aber nicht, da ich aus Erfahrung weiß, dass die Zeit meistens beschränkt ist, du sowieso mit einer Unmenge an Literatur überhäuft bist und das Hinsetzen zum Schreiben meist schon genug Überwindung kostet. Auch wenn solche Übungen gut für deinen Körper sind, keine Frage, sowie auch regelmäßiger Sport, gesundes Essen und frische Luft – ich gehe davon aus, dass dir das alles bewusst ist – so möchte ich dir nun drei schnelle Übungen zeigen, die deine mentale Kraft für dieses Projekt stärken können, und die vor allem überall sowie jederzeit durchführbar sind. Gerade wenn du Phasen hast in denen es stressig ist, lassen sich diese bekannten Techniken gut in deinen Alltag einbauen.

- Übung 1 „Atme tief und bewusst": Die richtige Atmung ist immer sehr wichtig und kann mehr in unserem Körper verbessern, als wir glauben. Wenn du z.B. aufgewühlt, nervös oder gedanklich zerstreut bist, kann eine gute und aktive Atemtechnik hierbei einiges regulieren. Wenn du merkst, dass du gerade unkonzentriert bist, dann setzte dich aufrecht auf deinen Sessel, mit den Beinen fest am Boden, schließe deine Augen und atme langsam und tief durch die Nase ein. Du musst nicht stark oder laut atmen, sondern es reicht langsam und bedacht in den Bauchbereich hinein zu atmen und dann langsam wieder aus – mach das immer wieder zwischendurch. Das kannst du zuhause vor deinem Computer oder auch auf der Uni jederzeit durchführen. Es empfiehlt sich, dabei die Augen zu schließen, weil sich somit auch diese für einen Moment entspannen können.

- Übung 2 „Spring dich frei": Wenn gar nichts mehr geht und du müde bzw. völlig kraftlos bist, dann stehe einfach auf, hüpfe auf beiden Beinen ein paar Mal auf und ab und kreise anschließend deine Schultern. Wenn du an einem öffentlichen Platz bist und nicht möchtest, dass dir dabei jemand zusieht, dann gehe einfach auf die Toilette. (Obwohl viele Menschen auf dem Campus oft ganz andere dubiose Dinge in der Öffentlichkeit machen ☺) Das Springen bringt deinen Kreislauf in Schwung, wodurch du einen Energiekick bekommst, und mit den Kreisbewegungen können mögliche Schulterverspannungen ein bisschen gelockert werden. Das nützte mir ganz besonders dann, wenn ich Schlafmangel hatte.

- Übung 3 „Visualisiere dein Endziel": Hierbei geht es darum, dein zukünftiges Wunschszenario im Kopf zu manifestieren – es sollte also realistisch sein und kein unerreichbares fiktives Ereignis! Das war für mich von allen die wichtigste Übung und mein Fels in der Brandung. Mein Kraftbild war der Moment, in dem mir die Urkunde (Rolle) bei meiner Promotionsfeier auf der Uni überreicht wurde. Ich fühlte mich beim Gedanken daran richtig stolz und unglaublich stark, wie eine Siegerin. Bei diesem Bild musste ich immer lächeln, auch wenn das Doktorat mich gerade noch so nervlich strapazierte. Es hatte sich richtig tief in mir eingebrannt und gab mir Willensstärke. Wesentlich ist, dass du dein höheres Ziel, also die fertige Dissertation, visualisierst und dir somit einen speziellen Augenblick so realistisch wie möglich vorstellst. Es geht nicht darum, darüber nachzugrübeln wie du es schaffen wirst, sondern um den Moment, an dem du dein Vorhaben bereits erfolgreich gemeistert hast und dich dabei gut fühlst. Beispielsweise kannst du auch den Zeitpunkt visualisieren an dem du deine Arbeit einreichst bzw. binden lässt. Oder du stellst dir vor, wie du mit einem Glas Sekt in der Hand auf deiner eigenen Abschlussfeier bist und dir alle deine Freunde/Freundinnen gratulieren. Du solltest eine Vorstellung nehmen, die für dich bedeutungsvoll ist und dir ein schönes Gefühl gibt. Dein harmonischer innerer Schauplatz wird eventuell wiederholt von negativen Gedanken, Ängsten und Zweifeln angegriffen, aber das macht nichts – lass diese einfach vorbeiziehen. Versuche nicht dagegen anzukämpfen, denn dadurch bekommen sie viel zu viel Aufmerksamkeit. Am besten sagst oder denkst du dir: „Danke für die Warnung, nun möchte ich mich wieder dem schönen Bild widmen." Versuche mit all deiner mentalen Stärke die Endziel-Visulisierung in dir zu verankern. Du wirst sehen, dass es dir immer leichter fallen wird, dein Motivationsbild abzurufen, wann immer du es brauchst.

Für so ein großes Projekt wie eine Dissertation, brauchst du in erster Linie Durchhaltevermögen. Diese Übungen können nur dann richtig wirken, wenn du auch in Momenten des Selbstzweifels einen kleinen Hoffnungsstrahl in dir fühlst, der dir die Überzeugungskraft gibt, dass du es auf jeden Fall schaffen wirst. Die Überzeugung muss immer von dir selbst herauskommen. Wenn du dich von negativen Erlebnissen oder Emotionen niederreißen lässt, und nicht die Kraft entwickelst aufzustehen, kann dir auch niemand helfen. Denn egal, was andere Menschen in dieser Situation zu dir sagen oder wie sehr sie auch versuchen dich zu motivieren, es wird einfach nicht fruchten, wenn du selber nicht das Bestreben hast weiterzumachen. Das Gute ist, dass du diese Stärke mit deiner Einstellung entwickeln kannst, doch das bedeutet, dass du öfter einmal über deinen eigenen Schatten springen solltest. Deine Zweifel entstehen nur im Kopf und um gewisse Dinge durchziehen zu können, musst du manchmal einfach etwas härter zu dir sein. Mit einer gleichgültigen Attitüde wird es wahrscheinlich nicht so leicht funktionieren, eine Dissertation in einem adäquaten Zeitraum zu verfassen.

Mit „härter sein" ist keine Selbstgeißelung gemeint, sondern es bedeutet gelegentlich Abstriche zu machen und auf Dinge oder spaßige Unternehmungen zu verzichten, damit du dein dir vorgegebenes Pensum schaffst. Einige Menschen sind mehr und andere weniger ehrgeizig, das ist abhängig vom Charakter, aber ich bin davon überzeugt, dass jeder Mensch lernen kann ein Durchhaltevermögen zu entwickeln. Wenn du Erfolg haben möchtest, darfst du nicht aufgeben, auch wenn einmal vieles schiefläuft und du absolut keine Lust mehr hast oder vollkommen ausgelaugt bist. In solchen Momenten beginnt ein Kampf in dir, den du nur beilegen kannst, indem du dein großes Endziel immer wieder visualisierst, dir kleine Zwischenziele setzt und eine Routine erschaffst, die du versuchst einzuhalten.

Die Doktorarbeit sollte deine Priorität Nummer 1 sein, weil du sie unbedingt vollenden willst. Spüre diese Willenskraft in dir und zeige dir selbst und all den Menschen, die nicht an dich glauben, wozu du fähig bist. Egal, was oder wer dich anspornt und wenn es ein früherer Schullehrer ist, der vor 20 Jahren einmal gesagt hat, dass du nie etwas erreichen wirst, nimm diese Vorstellung und überzeuge diese Person vom Gegenteil. Das Ganze sollte übrigens nur in deinem Kopf geschehen, du musst also nicht zu deinem ehemaligen Lehrer nachhause fahren, anläuten und schreien: „Haha, aus mir ist doch etwas geworden." Es reicht vollkommen, wenn dir dieses

Szenario gedanklich als Motivationsquelle dient. Selbstverständlich können bzw. sollen auch die Menschen in deinem näheren Umkreis, die an dich und deinen Erfolg glauben, ein bedeutsamer Ansporn sein.

- Baue die Übungen 1 bis 3 in deinen Alltag ein
- Manifestiere dein persönliches Kraftbild des Abschlusses, um es in jeder Situation abrufen zu können
- Beweise Durchhaltevermögen, um dein Ziel zu erreichen
- Nutze gewisse Gedanken und Situationen, die dich täglich positiv motivieren können

8. Soziale Kontakte: Familie, Freundeskreis und Gesprächsrunden

So unterschiedlich das soziale Umfeld mit ihren Höhen und Tiefen auch sein mag, es ist ein Geschenk, wenn du Menschen an deiner Seite hast, die dich begleiten und für dich da sind. Dieses Kapitel ist sicher das individuellste, weil hierbei jede Person eine eigene Art hat mit gewissen emotionalen Beziehungsmustern umzugehen. Da die Herzensmenschen im Leben aber eine so wichtige Rolle spielen, möchte ich mögliche Problematiken hier aufzeigen. Darum habe ich dir auch dazu folgende Themen zusammengefasst, von denen ich gemerkt habe, dass sie teilweise bei mir und bei meinen Kollegen/Kolleginnen während des Studiums eine Herausforderung darstellten:

a) Die Familie: Wenn vorwiegend zuhause geforscht bzw. geschrieben wird und mehrere Familienmitglieder zusammenleben, kann es sein, dass es immer wieder schwierig ist, sich überhaupt der Arbeit widmen zu können. Womöglich ist auch die Wertschätzung in manchen Familien für so ein langfristiges Projekt nicht ausreichend gegeben. In solchen Situationen wäre es gut, wenn mit den Liebsten Klartext gesprochen wird, um ihnen die Bedeutsamkeit der Dissertation zu erklären. Außerdem solltest du dir einen Rückzugsort sichern, damit du zumindest einige Stunden ungestört arbeiten kannst, selbst wenn rundherum viel Trubel ist.

b) Der Partner/Die Partnerin: Bei intensiven Schreibphasen ist oft die beste Unterstützung in einer Partnerschaft, dass man einfach in Ruhe gelassen wird, um sich gänzlich auf die Arbeit konzentrieren zu können. Das kann schon einmal zu Missverständnissen führen, wenn hierbei in puncto Freiraum keine klare Kommunikation herrscht. Am Wichtigsten ist ebenso in einer Partnerschaft, wie in der Familie, das Verständnis für die Dissertation. Der Idealfall wäre, wenn der Partner/die Partnerin dir auch ab und zu den Rücken freihält und in stressigen Perioden andere Aufgaben vollkommen übernimmt, wie z.B. den Haushalt, damit du wirklich ungestört arbeiten kannst. Das darfst du vielleicht nicht immer erwarten, da ja auch dein Liebling ein eigenes Leben und eigene Pflichten hat. Gegenseitiger Respekt ist in einer Beziehung immer ein wichtiger Faktor. Gut ist es, wenn du deinem Partner/deiner Partnerin über Teile der Arbeit zwischendurch berichten kannst, auch wenn es kein fachliches Feedback gibt. Es ist oft ausreichend und wohltuend zu wissen, dass dir einfach zugehört wird, wenn du gewisse Ideen, Fortschritte sowie Zweifel aussprichst. Einerseits ist das sogar eine gute Möglichkeit, um den Lebensgefährten/die Lebensgefährtin miteinzubeziehen, damit diese/r sich besser in die Situation hineinversetzen kann und sich nicht ausgegrenzt vorkommt. Andererseits sollte das Thema auch nicht überhandnehmen und dadurch die Beziehung belasten. Hierbei lässt sich vielleicht eine passende Lösung finden, indem bewusst bestimmte Abende/Tage eingeräumt werden, in denen nicht über die Doktorarbeit gesprochen, sondern die Zeit ausschließlich aktiv miteinander verbracht wird.

c) Der Freundeskreis: Es ist schön, wenn du enge Freunde/Freundinnen hast mit denen du dich fachlich und/oder privat austauschen kannst. Vielleicht sind einige Studierende dabei, die deine Thematiken sehr gut nachvollziehen können oder andere die einfach ein offenes Ohr für dich haben und dich aufbauen, wenn es dir schlecht geht. Es ist möglich, dass die Sensibilität für manche deiner Phasen von den Freunden/Freudinnen vielleicht nicht immer gegeben ist und du dich alleingelassen fühlst. Umgekehrt kann es ebenso sein, dass du selbst so tief in der Materie verhaftet bist und manche Lieblingsmenschen unabsichtlich von dir vernachlässigt werden. Sollten durch Zeitmangel oder andere Problematiken Disharmonien entstehen, ist es hilfreich, diese klar anzusprechen. Denn deine Befindlichkeiten können schwer nachvollzogen werden, wenn du dich nicht mitteilst. Feingefühl ist hierbei gefragt und etwas Humor kann auch nicht schaden, um diverse Angelegenheiten und dich selbst nicht immer allzu ernst zu nehmen.

d) Bekanntschaften auf der Uni: Irgendwie hatte ich am Anfang des Doktorates das Bedürfnis krampfhaft Kontakte mit anderen Dissertanten/Dissertantinnen meines Studiums knüpfen zu müssen, weil ich diesen Weg nicht alleine gehen wollte. So etwas zu erzwingen ist gar keine gute Idee, wie mir bald daraufhin bewusst wurde. Denn dabei lässt man sich schon einmal auf Gespräche ein, bei denen es entweder um ein hartnäckiges Konkurrenzdenken oder um Problemwälzerei geht, wodurch man Gefahr läuft, als emotionaler Mülleimer verwendet zu werden. Das raubte mir eine Menge Energie, weil es dabei kaum den ersehnten fachlichen Austausch gab, sondern nur ein Suhlen in Selbstmitleid, das zwar ab und zu völlig in Ordnung, aber dauerhaft sehr ermüdend ist. Das Konkurrenzdenken ist klarerweise kein universitäres Phänomen, sondern scheint eher ein weitverbreitetes Gesellschaftsmerkmal zu sein. Es kann vorkommen, dass in deinem Umfeld Studierende gerade in einem anderen Stadium ihrer Ausbildung stehen als du und sich dadurch Missgunst breitmacht, weil du mehr Vorlauf hast oder umgekehrt. Das kann schon unangenehm werden, wenn gewisse Menschen, mit denen du dich immer gut verstanden hast, dir gegenüber plötzlich feindselig werden, weil du deinem Endziel immer näherkommst. Das solltest du aber einfach so gut wie möglich ignorieren, denn oftmals ist es eine Überreaktion, die selten durch das Ausdiskutieren verbessert wird. Bitte nicht falsch verstehen, ich bin in den meisten Fällen für eine offene Kommunikation, wie du unschwer an meinen bisherigen Tipps erkennen kannst. Jedoch angesichts dieser Sachlage würde ich einer direkten Aussprache eher abschlägig begegnen. Hauptsächlich zum Selbstschutz, um stressige Konfrontationen zu vermeiden und wegen dem einfachen Grund der Zwecklosigkeit, weil selten jemand zugibt, dass er/sie gerade neidisch ist. Ach, immer diese blöden menschlichen Emotionen – was wäre die Welt doch ohne sie? Niemand ist davor gefeit. Ich spürte auch einen kurzen Anflug von Missgunst, als ein Bekannter von mir kurz vor seinem Abschluss in einem anderen Studium stand, während ich noch bei der Hälfte meiner Dissertation herumkaute. Allerdings versuchte ich es mir nicht anmerken zu lassen, war weiterhin ihm gegenüber höflich und bald verflüchtigte sich dieses Gefühl auch wieder. Das spannende war allerdings, dass ich mich ab diesem Zeitpunkt noch mehr darum bemühte schneller fertig zu werden. Das Konkurrenzdenken hatte mich also sogar positiv angespornt…na, was sagt man dazu? Du solltest von Anfang an erkennen, dass du niemanden zwingend brauchst, um eine Dissertation zu schreiben, denn du hast dir in deinem gesamten Studium alle nötigen „Skills" angeeignet, um in diese Aufgabe hineinzuwachsen und diese brillant zu schaffen. Gewisse Bekanntschaften auf der Uni ergeben sich dann oft von alleine im Laufe des Doktorates und können sogar zu tieferen Freundschaften werden.

e) Gesprächsrunden: Auch Gesprächsrunden, in denen du bestimmte Menschen nur flüchtig oder gar nicht kennst, können schwierig werden, wenn als Kommunikationsstoff das Thema deiner Dissertation aufkommt. Einerseits gibt es immer Personen, die so etwas faszinierend finden und aus Neugier nachfragen, andererseits kann es sein, dass das Thema auch kritisiert und nun in der Gruppe von vielen verschieden

„Senfsorten" bombardiert wird. Hier gibt es nur einen wichtigen Tipp: Cool bleiben! Dieses Gespräch ist keine fachliche Kritik, sondern lediglich ein Sammelsurium diverser persönlicher Meinungen, die, wenn es gut geht, durchaus interessant sein können und manchmal eben auch völliger Nonsens sind. Wichtig ist, dass in dir nicht das Bedürfnis aufkommt, diese Menschen zu belehren, die stur auf ihrer Meinung beharren, sondern ruhig zu bleiben und notfalls das Gespräch zu beenden. Einmal hatte ich genauso ein Erlebnis und es war verdammt ärgerlich, denn ich wollte doch eigentlich nur Spaß haben und eine nette Unterhaltung führen, ohne dass diese plötzlich zu einer „Defensio" ausartet. Wenn dir auch so etwas passiert, dann halte dir bitte vor Augen, dass es nichts mit dir oder deiner Arbeit per se zu tun hat, wenn Menschen dir grundlos verbal zu nahetreten. Meistens haben sie einfach selbst irgendein Problem, das du nicht persönlich nehmen solltest und schon gar nicht lösen musst. (Es sei denn, du bist deren Therapeut/Therapeutin und wirst dafür bezahlt ☺) Also, denk immer daran: keep cool, keep calm and be clever!

- Mit der Familie und in der Partnerschaft Klartext sprechen über die Wichtigkeit der Arbeit
- Rückzugsorte sichern
- Im Freundeskreis auch prekäre Themen ehrlich kommunizieren
- „Sozialisen" ja, aber nur wenn es passt, nicht aus Angst davor alleine zu sein
- Bei Diskussionen mit unprofessionellem „Senf": keep cool, keep calm and be clever

9. Berufs- und Geldsituation

Jobs, Nebenberufe und lange Arbeitstage in der Woche sind zusätzlich eine große Herausforderung. Denn eine Dissertation zu schreiben ist ja bereits ein 40 Stunden Job. Da viele Akademiker/Akademikerinnen nicht das Glück haben, ein bezahltes Doktorat, Stipendium oder Geld von der Familie zu erhalten, muss wohl oder übel nebenbei gearbeitet werden. An diesem Punkt trennt sich oft die Spreu vom Weizen, denn einige Studierende bleiben dann bei dem Beruf hängen, den sie gefunden haben und kehren nie mehr an die Uni zurück oder schreiben ewig an ihrer Doktorarbeit, während sie täglich ihren Broterwerb ausführen. Ein Kommilitone von mir hat zehn Jahre lang an seiner Dissertation gearbeitet und er ist keine Ausnahme. Ich meine, Hut ab davor, dass er solange durchgehalten hat, denn diese Geduld hätte ich nicht. Es soll auch keinesfalls heißen, dass es schlecht ist, gleich nach dem Studium arbeiten zu gehen, denn jeder Mensch muss seine eigene Berufung finden. Aber in diesem Buch möchte ich dich dazu motivieren die Dissertation in einem adäquaten Zeitrahmen zu schreiben und sie vor allem in jeglicher Hinsicht positiv zu beenden. Also, rate ich dir von 40 Stunden Jobs ab und empfehle dir deine Ansprüche an materielle Güter zum Notwendigsten herunterzuschrauben und dich am Reichtum der Wissensvermehrung sowie neuer Erfahrungen zu erfreuen.

Das ist verständlicherweise nicht so einfach und glaube mir, auch ich hatte immer wieder meine Probleme damit, aber ich habe auch sehr viel daraus gelernt. Z.B. wie wenige Dinge ich wirklich zum Leben brauchte und wie oft ich einfach Geld für Blödsinn ausgegeben habe, wenn es vorhanden war. Diese schlechte finanzielle Lage war schon gewöhnungsbedürftig, denn ich hatte neben dem Studium immer wieder verschiedenste Jobs, wie z.B. an der Kassa in einem Supermarkt, bei Eventmanagementagenturen, als Moderatorin, als DJane und als Sängerin. Diese Berufe habe ich auch gerne zwischendurch ausgeübt, bis zu dem Zeitpunkt, als mich beides überforderte und aufgrund diverser Nachtjobs meine Augenringe tagsüber bereits zu den Knien hinunterhingen. Da ich somit meine Diplomarbeit nicht mehr ordentlich weiterverfassen konnte, lernte ich bereits an dieser Stelle das Arbeitspensum der Brotjobs herunterzuschrauben, darum war mir diese Situation auch im Doktorat nicht neu.

Wie man sieht, steht hier jede/r Einzelne vor einer Entscheidung, die er/sie nur für sich selbst treffen kann. Und wie so oft im Leben stellt sich die Frage: „Was ist mir wichtiger?" Und dann gehst du in diese Richtung, die du für „wichtig und richtig" hältst. Wir, also ich und du, Leser/Leserin meines Buches, haben uns für das Doktorat entschieden und ich bin stolz auf dich! Wissen ist Macht – vergiss das nie. Es gehört außerdem auch eine große Portion Mut dazu um diesen Schritt zu gehen, vor allem wenn es keine finanzielle Unterstützung gibt. Aber auch mit finanziellem Rückhalt, ist es eine herausfordernde Aufgabe. So, aber jetzt genug von meiner Brandrede, weiter im Text. Wir wollen positiv bleiben und das große Ganze visualisieren - deine fertige Doktorarbeit. Und, ob du es glaubst oder nicht, in diesem Prozess ist eine externe Arbeit, also ein Brotjob, sogar vorteilhaft. Warum? Ganz einfach: Weil du Gefahr läufst komisch zu werden, wenn du nur schreibst bzw. forscht und sonst nichts Anderes machst. Irgendwie verlierst du leichter den Bezug zur Realität und außerdem lassen sich deine Gedanken irgendwann gar nicht mehr sinnvoll einordnen, weil du überlastet bist. Doch das Wichtigste ist, die Stabilität deiner Psyche, die du unbedingt bewahren solltest. Du kannst diverse Tätigkeiten einfach als eine willkommene Abwechslung ansehen. Denn Freizeitaktivitäten sind optional und auch den Freundeskreis kannst du treffen oder nicht, aber nur eine berufliche Verpflichtung zwingt dich dazu in die Welt hinauszugehen, deine Gedanken über die Dissertation kurzzeitig abzuschalten und mit anderen Menschen bzw. Themen konfrontiert zu sein. Das ist der Vorteil. Darum empfehle ich dir, ein gutes Maß zwischen Job und Schreibarbeit zu finden.

Hierbei kommt möglicherweise noch ein ganz anderes Problem auf dich zu, nämlich deine Überqualifikation für viele Berufe, die du dennoch ausführen musst, weil du das Geld brauchst. Ja, hier werden alle kleinen, dunklen Geheimnisse und Sorgen ausgegraben, denn ich kenne sie leider alle. Es ist verständlich, dass solche Situationen zwischendurch an deinem Ego kratzen. Denn wozu hast du jahrelang studiert, um dann wieder einen Job ausüben zu müssen, für den eine Matura oder überhaupt irgendein Schulabschluss gereicht hätte. Je schneller du einsiehst, dass du ein Studium genießt, weil Bildung wichtig und ein wertvolles Gut ist, ohne vorauszusetzen, dass andere Menschen dich nur deswegen oder wegen deines Titels anerkennen, lernst du Dankbarkeit, Demut und den Aufbau eines ehrlichen Selbstwertgefühles. Das soll nicht heißen, dass du nur bescheiden sein und deine

Fähigkeiten verbergen sollst, nein, der richtige Umgang damit und die passende Einstellung dazu sind entscheidend. Viele Menschen haben zwar eine hohe akademische Ausbildung, besitzen aber keinen Funken emotionale Intelligenz, geschweige denn soziale Kompetenzen. Also, wachse und lerne aus deiner Arbeit, auch wenn sie momentan nicht deiner Ausbildung entspricht, denn sie finanziert dein Studium und du machst das alles für ein höheres Ziel. Hierbei ist einfach Geduld gefragt.

Außerdem ist es ebenso wichtig, finanziellen Rückhalt zu haben, wenn es mit dem einen oder anderen Stipendium, einer Förderung oder einem Forschungspreis nicht geklappt hat, obwohl du dir sicher warst, dass du dieses Geld mehr als verdient hättest. Das hast du wahrscheinlich auch, aber du darfst nicht verzagen, denn es ist in diesem Bereich meist nicht ausreichend genug, nur gut zu sein. Bei solchen Absagen bekam ich schon oft eine riesige Wut auf alle möglichen Personen oder Institutionen, weil ich mich unfair behandelt fühlte.

Die Enttäuschung ist bei Absagen immer groß, das ist verständlich, es hilft aber nichts, denn es muss ja trotzdem irgendwie weitergehen – und das tut es auch. Bedenke, es bestimmen meistens eine Menge an diversen Maximen diese Vergaben. Erstens bewerben sich viele Studierende von den verschiedensten Unis, auch aus anderen Ländern, zweitens wird darauf geachtet, wie viele Fachartikel/Bücher/Paper du bereits publiziert hast, drittens welche universitären Tätigkeiten du vorweisen kannst (studentische Mitarbeit etc.) und viertens, wie fast überall im Leben, gehört auch eine Portion Glück dazu. Du siehst also, dass hier vieles zusammenspielt. Keine Sorge, du kannst das auch ohne Unterstützung schaffen, denn du machst deine Sache sehr gut! Ich habe sogar etwas Positives an der Lage herausgefunden, wenn du nicht finanziell gefördert wirst. Denn das kann als optimaler Antrieb wirken, entweder nach dem Motto: „Euch werde ich es zeigen, ich erreiche mein Zeil trotzdem!"; oder mit der Einstellung, dass du so schnell wie möglich fertig werden möchtest, um dann deinen eigenen Weg gehen zu können.

Das Titelthema ist übrigens auch so eine Sache für sich und ich möchte dieses jetzt nur kurz streifen. In einer konsumorientierten Gesellschaft wie unserer, in der leider zu oft menschliche Werte von Herkunft, Berufsstand, Kapital und akademischen Graden abgeleitet werden, lässt sich ein ambivalenter Umgang mit dem Titel einer Doktorin/eines Doktors erkennen. Einerseits wird dieser von einigen Kreisen hochgelobt, denen auch teilweise eine gewisse „Titelgeilheit" unterstellt wird, andererseits werden immer wieder Meinungen laut, die sich eindeutig gegen die Nützlichkeit eines Doktoratsstudiums aussprechen. Es ist schwer möglich, den verschiedenen Ansichten von außen zu entkommen, wobei wir wieder bei den „Senfsorten" wären. Ich sage dir, unabhängig davon was dir irgendjemand einreden möchte: Das Doktorat bringt dir immer etwas! Nicht zuletzt ein großes Pensum an Erfahrungswerten, also bleibe überzeugt von dir und deiner Dissertation.

- Am besten keine Vollzeitberufe annehmen
- Materielle Ansprüche herunterschrauben, die Situation akzeptieren und daraus lernen
- Ausgleich schaffen zum Schreiben, um nicht „komisch" zu werden –> Vorteil Nebenjob
- Selbstwert wahren trotz beruflicher Tätigkeiten, die nichts mit der Ausbildung zu tun haben
- Überzeugt sein von der Wichtigkeit des Doktorats

10. Innere Konflikte: Kritiken und Stresssituationen

In Kapitel 5 habe ich das Motivationstief erwähnt und daran möchte ich jetzt gerne anknüpfen. Diese Phase ist häufig verbunden mit emotionalen sowie psychischen Thematiken, die in den meisten Fällen eher harmlos wirken. Die Rede ist von Gefühlen der Unzulänglichkeit, bedrückenden Selbstzweifeln oder depressiven Verstimmungen. Diese können aber längerfristig zu schwerwiegenderen Problematiken führen, wie Burn-out, starke Depressionen oder auf körperlicher Ebene zu Magen-Darm-Beschwerden, Migräneanfällen oder Schwindelgefühlen, um nur einige Leiden zu nennen. Auslöser können verschiedene Faktoren sein, angefangen von belastenden Drucksituationen, „Disstress", Enttäuschungen durch Ablehnung bis hin zu Hypersensibilität oder generellen psychischen Erkrankungen. Es ist übrigens immer ratsam, professionelle Hilfe anzunehmen, wenn etwas nicht mehr alleine zu bewältigen ist. Selbst wenn es nur um leichte Verstimmungen geht, können beispielsweise eine Beratung oder ein Mentaltraining aufgesucht werden, da diese bei Antriebslosigkeit äußerst hilfreich sein können.

Wie auch immer du es machst, es ist wirklich wichtig das innere Gleichgewicht zu halten und dieses nach einer Instabilität unbedingt wieder ins Lot zu bringen, um die Dissertation erfolgreich und möglichst psychisch unbeschadet abzuschließen. In schwirigen Phasen kann es schon einmal vorkommen, dass du dich und das Doktorat total in Frage stellst. Das Selbstwertgefühl ist hierbei sowieso im Keller und du denkst dir nur mehr: „Wozu das alles?" Diese Zweifel sind teilweise ganz normal, wie gesagt, man sollte aber immer Acht geben, dass diese nicht überhandnehmen. Einige depressive Tage mit Selbstmitleid sind schon in Ordnung, aber dann wäre es gut, wenn du wieder aufstehst und nach vorne schaust. Und hierbei spreche ich nicht von den Pausen. Die Pausen sollten keine zwangsläufigen Folgen der Überforderung sein, sondern bewusst eingeteilt und gesetzt werden, um eben diese Zustände zu vermeiden.

Wie überall im Leben, kann es auch im Doktorat einmal zu Enttäuschungen und negativen Resonanzen kommen, bedingt durch Urteile und Feedbacks, die man an der Uni oder andernorts erhält. Jedes Mal wenn ich zur Sprechstunde gegangen bin, war ich aufs Neue nervös, weil ich wusste, dass wieder jede Menge Kritik auf mich zurollen würde, die mir im ersten Moment das Gefühl gab ein kleines Mäuschen zu sein, das einen großen Tisch aufheben musste, was einfach unmöglich war. Zuhause benötigte ich meistens schon einmal einige Tage, um mich davon zu erholen, bevor ich überhaupt die Korrekturen, Ergänzungen und Veränderungen vornehmen konnte.

Für mich war diese Arbeit ein Kunstwerk, das ich geschaffen habe und immer wieder von einer anderen Person analysiert wurde, so dass ich oft gar nicht mehr das Gefühl hatte, es mein Eigen nennen zu können. Ich war untrennbar emotional mit meiner Arbeit verbunden und dadurch war die Kritik mein Feind, zumindest zu viel davon. Wenn ich sie einfach viel zu persönlich genommen habe und dieses Gefühl der Unzulänglichkeit mich innerlich zerfressen hat, bin ich auch schon einmal in eine Selbstmitleidsphase verfallen. Ich konnte mich glücklicherweise immer wieder selbst aus meinen emotionalen Tiefen herausholen, aber bei einer Kollegin von mir zeigten diese zermürbenden Gefühle ihre Auswirkungen ebenso auf körperlicher Ebene, durch geringe nervliche Belastbarkeit, Schwindelanfälle und Schlafstörungen.

Dieses Exempel ist notwendig, um abschreckend zu wirken, damit du darauf achtest, dich nicht runtermachen zu lassen und versuchst, innerlich stark bzw. ausgeglichen zu bleiben, auch wenn die Kritik noch so hart und unangenehm ist. Nicht aufgeben! Diese Arbeit ist vielleicht dein Baby und du bist emotional damit verbunden, aber du solltest die Urteile und negativen Bewertungen nicht auf deine Person beziehen. Es ist doch wunderbar, wenn du deine Arbeit mit all deinem Herzblut schreibst. Du kannst deinem Professor/deiner Professorin mit Demut, aber auch mit Mut begegnen. Das bedeutet, ihn/sie und seine/ihre Meinung respektvoll zu akzeptieren, aber auch gegen diese Ansichten zu argumentieren, wenn sie gar nicht geteilt werden können und du sinnvolle Alternativen vorweisen kannst. Um das zu tun, sollten deine Vorschläge zuerst akribisch überprüft werden, damit du dir ein kritisches Urteil bilden kannst. Bei mir bewertete der Betreuer ein Kapitel nach wie vor als mangelhaft, obwohl es meines Erachtens alle wichtigen Details beinhaltete, die nötig waren. Bestärkt von meiner eigenen Überzeugung, versuchte ich seinen „Vorwurf" mit verschiedenen Rechtfertigungen zu entkräften – leider ohne Erfolg. Ich hatte das Gefühl, einen Berg zu besteigen, dessen Gipfel immer weiter von mir wegrückte. Genervt und schleppend machte ich mich nach einer längeren Pause (um mein Selbstbewusstsein wieder zu stärken) an die Arbeit. Während ich also zwangsläufig seinen Rat befolgte, der mir in meiner Sturheit absurd vorkam und begann mich einzulesen, fiel mir auf, dass er doch im Recht war, weil ich tatsächlich den Kern des Kapitels noch nicht gänzlich erfasst hatte.

Zuerst prüfen, dann urteilen lautet somit die Devise. Falscher Stolz und Sturheit sind dabei fehl am Platz und kosten Energie. Wenn du ein Feedback bekommen hast, das dir nach eingehender Prüfung unpassend vorkommt oder Missverständnisse enthält, dann frag lieber noch einmal nach und versuche deine Argumente dagegen sachlich zu begründen. Professoren/Professorinnen sind nur Menschen, auch wenn man sie gerne verherrlicht, vor allem den eigenen Doktorvater oder die eigene Doktormutter. Damit möchte ich dir aufzeigen, dass auch diese Personen, wie jeder Mensch, unterschiedliche Vorstellungen und eigene Erfahrungen miteinbringen, weshalb ein zufriedenstellender Konsens angestrebt werden sollte, der sinnvoll und umsetzbar ist. Also:

- Versuche dein inneres Gleichgewicht zu finden und zu halten
- Gehe nicht über deine körperlichen und psychischen Grenzen der Belastbarkeit
- Nimm konstruktive Kritik positiv an und argumentiere sachlich gegen unpassende Feedbackgespräche
- Prüfe deine Argumente genau, um das eine vom anderen zu unterscheiden
- Begegne der Professorenschaft mit Demut und Mut

11. Präsentationen der Dissertation auf der Uni

Prinzipiell sollen uns Kolloquien, Vorträge, Seminare und sonstige Präsentationen der Dissertation vor Fachpersonen darauf vorbereiten, mit etwaigen Kritiken und Diskussionen auch außerhalb der Uni umgehen zu können. Im Doktorat gibt es in vielen Studien mindestens ein Seminar oder Kolloquium, in dem alle Studierenden mehr oder weniger dazu eingeladen werden (es ist meist ein Pflichtfach), ihre Arbeit vor einer Professorenschaft, oft auch vor dem Dekan/der Dekanin, zu präsentieren. Meist werden dann zu deiner Präsentation bestimmte Fragen gestellt. Der Ablauf dieses Prozedere ist sicherlich in den diversen Instituten bzw. Unis verschieden und einmal mehr oder weniger schwierig, aber du solltest einfach versuchen, das Beste aus deiner Situation zu machen. Ich habe mich auf meine Präsentation der Arbeit im Kolloquium wie auf eine große Prüfung vorbereitet, damit ich den teilweise höchst herausfordernden Fragen bestmöglich Stand halten und diese adäquat beantworten konnte. Mir war bewusst, dass es nicht einfach werden würde, da ich mich eigentlich gar nicht ausreichend genug darauf einstellen konnte. Weil ich erstens nicht wusste welche und wie viele Fachpersonen zuhörten, da es öffentlich war und zweitens die Themenbereiche sehr weitläufig ausgedehnt werden konnten.

Welche oder wie viele Personen zuhören, sollte grundsätzlich in solchen Situationen gar nicht ausschlaggebend sein, wichtig sind die genaue Vorbereitung und die richtige Attitüde. Das Kolloquium ist nur ein Beispiel, es kann natürlich auch ein Seminar, ein Vortrag oder eine Besprechung sein. Es geht um das konkrete Szenario, deine Arbeit vor Menschen zu präsentieren, die vom Fach sind und dich kritisch beurteilen. Das ist stressig und oft auch prägend für den weiteren Verlauf deiner wissenschaftlichen Schreibtätigkeit. Hier empfiehlt es sich, genau zu unterscheiden, welche Kritik für dich wirklich nützlich und welche einfach nur aus mangelhafter Diskursethik aufgekommen ist oder emotional aufgebauscht wurde. Wenn du deine Dissertation präsentierst rate ich dir, folgende drei Punkte zu beachten, die auch mich positiv unterstützt haben: a) „DeMut", b) gute Rhetorik und c) selbstbewusstes Auftreten.

    a) „DeMut" gelingt dir, indem du nicht alle Informationen und Kritiken, die du erhältst, sofort in negative oder positive Bewertungen einteilst, sondern fremde

Beurteilungen einfach vorerst als andere Meinungen akzeptierst. Diese kannst du dann später genauer reflektieren und selektieren, welche für dich von Belangen sind. In solchen Momenten solltest du auf keinen Fall emotional reagieren oder die Aussagen in irgendeiner Form als persönlichen Angriff interpretieren, auch wenn du eine kontroverse Meinung vertrittst. In „DeMut" steckt das Wort Mut, das heißt, dass du sehr wohl zu dir und deinen Ansichten stehen sowie mit soliden Argumenten diese näher ausführen solltest. Das wird ja auch von dir erwartet, denn solche Präsentationen dienen dazu, dass du lernst, deine Arbeit zu verteidigen, allerdings mit Ruhe, Respekt und Überzeugung. Dadurch übst du dich auch darin, bestmöglich und sogar gewinnbringend mit Kritik umgehen zu können.

b) Eine gute Rhetorik im wissenschaftlichen Bereich kannst du hauptsächlich durch umfangreiches Wissen erlangen. Also, lerne gezielt und bereite dich genau vor, damit in deiner Präsentation keine Lücken oder Ungereimtheiten vorkommen, die zu „unangenehmen" Fragestellungen Anlass geben. Du solltest dein Thema flüssig sowie klar verständlich vortragen und weder zu schnell noch zu langsam sprechen. Doch aufgepasst: Es geht um wissenschaftliche Themen. Diese Art der Eloquenz ist nicht automatisch vergleichbar mit der Fähigkeit gut moderieren oder Gasthausreden halten zu können. Hierbei zählt ausschließlich die kompetente und mitreißende Vorstellung deiner Forschungsergebnisse. Trotzdem ist es hilfreich, wenn du schon einmal vor einem größeren Publikum gesprochen hast, weil du dadurch so eine Situation kennst und vielleicht mehr Selbstsicherheit ausstrahlst. Wenn du allgemein damit Schwierigkeiten hast vor mehreren Menschen zu sprechen, dann übe deinen Vortrag lieber vor einer kleineren Gruppe (Familie, Freundeskreis) oder zumindest vor dem Spiegel, bevor du auf der Uni einen Vortrag hältst.

c) Das bringt mich zum dritten Punkt: selbstbewusstes Auftreten. Selbstbewusst ist dein Auftreten dann, wenn du dir trotz Nervosität deiner Sache absolut sicher bist. Im Fall der Dissertation, solltest du genau wissen, worauf deine Forschungsmaterie konkret abzielt und von deinem Thema überzeugt sein. Unsicherheit entsteht hierbei mitunter durch mangelhafte Recherche und nicht haltbaren Thesen. Präsentiere lieber die Themenbereiche deiner Arbeit, von denen du weißt, dass du dabei sinnvoll und wissenschaftlich relevant argumentieren kannst. Sei authentisch und ehrlich. Versuche also nicht irgendwelche utopischen Hypothesen hervorzuzaubern, weil du meinst damit die Welt verändern zu müssen und Eindruck schinden möchtest, sondern beziehe dich ausschließlich auf deine wissenschaftlich fundierten Forschungsergebnisse. Und wenn du zu einem Kapitel angesprochen wirst, dass du noch nicht adäquat erarbeitet hast, dann sei besser ehrlich, bevor du mit haltlosen Argumenten um dich wirfst, dich verrennst und somit den Nährboden für weitere bedrängende Fragen aufbereitest.

Bitte nimm diese Situationen ernst und bleibe trotzdem so locker wie möglich. Ja, ich weiß, leichter gesagt als getan. Glaube einerseits nicht, über den Dingen zu stehen, weil du schon im Doktorat bist oder gar meinst, dass einige Zuhörer/Zuhörerinnen deine Thematik sowieso nicht kennen. Und lass dich andererseits nicht einschüchtern, wenn eine/r der werten Damen und Herren dich etwas schroffer befragen. Um ehrlich Selbstbewusst sein zu können, müssen zwei Dinge anerkannt werden und zwar die eigene Größe und die Größe der anderen. Klingt einfach, aber an ersterem magelt es schon oft einmal gewaltig, denn nur ehrliche Selbstliebe ergibt Nächstenliebe sowie die aufrichtige Akzeptanz anderer Meinungen und Lebenssituationen. Wenn diese Einstellung nicht stimmt, entstehen gerne einmal Vergleiche und Abwehrreaktionen, wie Hochmut und Missgunst, wodurch nicht nur andere Menschen in Mitleidenschaft gezogen werden, sondern vor allem die eigene Person geschwächt wird. Darum benötigt es ein Mittelmaß, das du bekommen kannst, wenn du dich in den drei zuvor genannten Punkten übst. Ich fasse zusammen:

- Professoren/Professorinnen sind auch Menschen und nicht unfehlbar
- „DeMut", gute Rhetorik und selbstbewusstes Auftreten sind wichtige Faktoren für deine optimale Präsentation
- Gutes Mittelmaß: Die Wichtigkeit der Situation erkennen und trotzdem locker bleiben
- Anerkennung der eigenen Größe und der Größe anderer

12. Mitten drinnen – es läuft

Jetzt hast du schön langsam alles ganz gut im Griff und du bist in den „Flow" gekommen. Nicht lockerlassen und lange Ablenkungen vermeiden, lautet nun die Devise. Selbst wenn du jetzt schon im Schreibmodus drinnen bist, ist immer noch jede Menge Eigenmotivation gefragt. Das hört bis zum Schluss nicht auf, nebenbei bemerkt. Es ist nach wie vor wichtig, dazwischen mit dem Betreuer/der Betreuerin Rücksprache zu halten, damit du ein Feedback erhältst und weißt, ob deine Struktur passt. Wenn es leicht geht, ist das vorteilhaft, es gibt allerdings Professoren/Professorinnen, die dazwischen nichts lesen möchten, sondern nur zum Schluss. Auch damit lässt sich umgehen, indem du immer weitermachst. Zumindest solltest du dann trotzdem den Kontakt pflegen und seinen/ihren Seminaren bzw. Vorlesungen beiwohnen sowie die Sprechstunde in Anspruch nehmen.

Egal, ob du mit deiner Betreuungsperson regelmäßig Rücksprache halten kannst oder nicht, du solltest dir in bestimmten Zeiträumen immer wieder Schreibziele setzen, damit du die Arbeit auf keinen Fall schleifen lässt. Den optimalen Mittelweg zu finden, zwischen deiner Welt der Dissertation und der Außenwelt, ist manchmal gar nicht so einfach, aber wesentlich. Vielleicht läuft es in diesem Abschnitt sogar einmal zu „gut", wodurch es dann zu einer Einigelung kommen kann. Das bedeutet, dass du in der Mitte des Schreibens schon einen innigen Bezug zur Arbeit hergestellt und einen relativ genauen Ablauf entwickelt hast. Das ist grundlegend zwar sehr positiv, aber dadurch tauchst du gedanklich noch tiefer in deine eigene Gedankenwelt ein und deine Umwelt verliert womöglich an Wichtigkeit. Dieser Bezug fehlt einem aber bald, so wie es mir und meiner Kommilitonin ergangen ist. Es ist möglich, dass du mit der Zeit:

- einen Tunnelblick bekommst und somit den Überblick verlierst: Das hat zur Folge, dass du in eine Materie abschweifst, die eigentlich nichts mehr mit dem Hauptthema zu tun hat und du dadurch wertvolle Zeit verschwendest.
- durch fehlenden Ausgleich einen großen Energieverlust erleidest: Das hat zur Folge, dass weder das soziale Umfeld viel mit dir anfangen kann, noch deine Konzentration stabil genug ist.

- Gefahr läufst dich seltsam zu verhalten und Alltagsdinge vergisst: Das hat zur Folge, dass du dich gehen lässt.

Das klingt vielleicht drastisch, ist aber alles schon vorgekommen, auch teilweise bei mir (und ich bin nicht stolz darauf). Auf die Grundhygiene habe ich noch geachtet, aber der Zustand meiner Wohnung war (obwohl ich normalerweise ein ziemlicher Ordnungsfreak bin) teilweise äußerst bedenklich. Auch mein Esseverhalten, das generell von gesunden, frischen und selbstgekochten Speisen geprägt war, bestand plötzlich hauptsächlich aus Fertigsandwiches. Für eine Weile, in der konzentriert geistig gearbeitet wird, ist das schon akzeptabel, aber es sollte kein Dauerzustand werden, denn das schädigt die Gesundheit und das Umfeld leidet ebenso darunter. Ich erinnere dich deshalb wieder daran, dir, auch wenn es gerade gut läuft, gezielte Pausen zu setzen, damit du immer wieder einen Ausgleich findest. Wir wollen ja nicht vergessen, dass es uns auch Freude bereiten darf und wir uns freiwillig dazu entschieden haben, eine Doktorarbeit zu schreiben. Jaja, ich weiß, jetzt habe ich mich gerade mit meinem grenzenlosen Optimismus bei dir unbeliebt gemacht, dafür gibt's nun ein paar konkrete Ratschläge zur Gestaltung der Arbeit:

1. Tipp: Du hast vielleicht einen konkreten Ablauf vor Augen, wie z.B. eine bestimmte Reihenfolge von Kapiteln, den du unbedingt einhalten möchtest. Während des Schreibens können dann einige Abweichungen auftreten oder gewisse Kapitel nicht vorstellungsgemäß beschaffen sein (länger bzw. kürzer), wodurch du Veränderungen, Zusammenlegungen oder Entfernungen gewisser Abschnitte vornehmen musst. Das kann durchaus öfter vorkommen, aber achte dann unbedingt auf mögliche Wiederholungen und Bezugnahmen im Fließtext auf „Ex-Kapitel" sowie darauf, dass sich die Nummerierung der Überschriften korrekt ändert.

2. Tipp: Versuche, wenn möglich, mit informativen Sätzen auf den folgenden Abschnitt überzuleiten, damit die Arbeit keine holprige Aneinanderreihung verschiedener Forschungsergebnisse ist, sondern fließend ineinander übergeht. Auch kleine Zusammenfassungen zum Schluss jedes Kapitels sind für dich und für die Leser/Leserinnen sinnvoll, denn die erklären, worauf du konkret hinaus möchtest. Apropos, frag dich immer wieder zwischendurch:

Was ist meine Problemstellung? Was möchte ich mit diesem Kapitel aussagen? Was haben diese Informationen explizit mit meinem Thema zu tun? Die Beantwortung dieser Fragen ist hilfreich, damit die Arbeit eine verständliche Linie verfolgt und nicht plötzlich abschweift.

3. Tipp: Erkläre diverse Begrifflichkeiten genauer, die in der heutigen Sprache oder nur in deiner Arbeit ambivalent verwendet werden, um Verwirrungen vorzubeugen. Durch die konkrete Erläuterung fachspezifischer Termini beugst du Missverständnissen weitestgehend vor. Vermerke diese nach Möglichkeit in der Fußzeile, um den Lesefluss nicht zu unterbrechen.

4. Tipp: Kontrolliere immer wieder die Richtigkeit deiner Zitate, denn es können sich Fehler einschleichen und dann hast du am Ende die lästige Zusatzarbeit, bestimmte Bücher noch einmal auszuborgen, um genau nachzulesen. Wortverdreher o.ä. können leider immer wieder vorkommen, denn es ist schwer umsetzbar, Flüchtigkeitsfehlern ausnahmslos innerhalb des Forschungsprozesses vorzubeugen, da bei so einer großen Arbeit ständiges Korrekturlesen erforderlich wäre, was sehr zeitaufwendig ist. Versuche trotzdem, so gut es geht, den Text zwischendurch dahingehend zu überprüfen und zum Schluss von jemandem Korrekturlesen zu lassen.

5. Tipp: Wenn dir mitten drinnen gute Schluss- oder Einleitungssätze einfallen, notiere diese gleich, damit du deine Gedankengänge nicht vergisst. Es mag womöglich den Anschein haben, als wären Einleitung und Schlusswort die einfachsten und kreativsten Passagen zu schreiben, weil sie vermeintlich mehr Freiheit zulassen als die anderen Kapitel, das ist aber meist ein Irrtum. Erstens unterscheidet sich hierbei die Dissertation erfahrungsgemäß von einer Diplom-/Masterarbeit, denn eine eigene Meinung, die auch noch unwissenschaftlich formuliert wird, ist bei einer Dissertation im Regelfall völlig inakzeptabel, während sie bei kleineren Abschlussarbeiten noch eher toleriert wird. Zweitens repräsentieren diese Abschnitte in zusammengefasster Form deinen gesamten Inhalt und zeigen auf, was den Leser/die Leserin in deiner Arbeit erwartet bzw. welche Konklusionen du schlussendlich daraus ziehst. Darum sollten beide Abschnitte durchwegs aussagekräftig sein.

6. Tipp: Du musst das Rad nicht neu erfinden, sondern oft nur „pimpen". Gewisse Theorien bzw. Ereignisse lassen sich, zumindest im Rahmen deiner Dissertation, nicht transformieren oder optimieren, weil sie entweder bereits hinreichend erforscht wurden oder es sich dabei um Fakten handelt. Verschanze dich nicht in komplizierten Analysebeschreibungen, wenn es auch einfacher geht. Viele Untersuchungen sind in den meisten Fällen um einiges unkomplizierter zu erklären, als du dir in deinem komplex denkenden Hirn zusammenbraust. Dass du in feststehenden Theorien herumkramst, kann oftmals in gewissen Phasen vorkommen, in denen du gedanklich anstehst oder auch Angst davor hast, den nächsten Schritt ins neue Wissenschaftsterrain zu wagen. In solchen Momenten hilft es ganz gut, entweder eine zweite Meinung zu hören, die für einen Perspektivenwechsel sorgt oder genau selbst zu hinterfragen, inwieweit Erörterungen gewisser Thesen überhaupt zweckdienlich für das Forschungsziel sind.

Um diese Tipps optimal integrieren zu können, sollte deine Arbeit auf jeden Fall schon fortgeschritten sein und eine gezielte Linie verfolgen. Denn um wirklich abschätzen zu können, welche Kapitel, Theorien, Abschnitte, Analysen, Begrifflichkeiten und Strukturelemente deine Dissertation benötigt oder nicht, um zu reifen, solltest du bereits einen tieferen Einblick in die Materie haben.

- Weiterhin Selbstmotivation – nicht auf dem vorübergehenden „Flow" ausruhen
- Kontakt zum/zur Betreuerin halten
- Das Leben außerhalb der Dissertation nicht gänzlich vernachlässigen – aktive Pausen einräumen
- Tipps 1–6 beachten
- Nicht komplizierter denken als nötig

13. Das Ziel ist bereits in Sichtweite

Unglaublich, das ist genau der Zeitpunkt, auf den du von Anfang an gewartet hast, weil du nun endlich Licht am Ende des Tunnels siehst. Juhu, aber was ist das ...? Ein Moment völliger Finsternis...oh nein!

Der Mensch steckt sich Ziele, um diese zu erreichen, damit er einen Sinn in seinen Handlungen sieht und um inneres Wohlbefinden zu verspüren. Wenn allerdings ein Ziel erreicht wurde, lässt das Streben nach dem nächsten nicht lange auf sich warten. Was also am Anfang als eine unbezwingbare und gewaltige Hürde ausgesehen hat, wird schrittweise dann doch geschafft, allerdings oft gar nicht mit der erwarteten Zufriedenheit. Lange philosophische Rede, kurzer Sinn: Nach jedem erreichten Ziel stehst du vor neuen Herausforderungen und vergisst womöglich, den erlangten Status quo zu genießen. Das versetzt einem aber gerne einmal in einen Dauerstress. Denn wenn du schon eine respektable Leistung erbracht hast, darfst du dich auch über positive Zwischenergebnisse freuen, ohne dass diese Glückseligkeit sofort von zukünftigen Sorgen, Druckgefühlen und beklemmenden Gedanken überschattet wird. Bewusste Augenblicke der Freude über bewältigte Hürden, können viele nachfolgende Anstrengungen erleichtern.

Lass dich in dieser Phase nicht von außen drängen und stress dich auch vor allem nicht selbst. Plan dir für etwaige Korrekturen und die Schlussformatierung lieber genügend Zeit ein, auch wenn dir das Durchlesen schon auf die Nerven geht (und glaub mir das wird es früher oder später tun ☺), damit in der gebundenen Fassung nicht plötzlich Fehler auftauchen. Wobei das zwar ärgerlich ist, aber auch kein Drama, denn selbst in den besten Fachbüchern sind gelegentlich Flüchtigkeitsfehler zu finden. Zumindest sind diese nicht so schlimm – Zitierfehler allerdings schon! Darum solltest du darauf sehr genau achten, weil die Plagiatsprüfung hierbei oft noch strenger ist als bei anderen Abschlussarbeiten. Da du der Autor/die Autorin bist, kann es verständlicherweise passieren, dass du gewisse offensichtliche Inkorrektheiten unabsichtlich übersiehst. Das ist vollkommen normal und darum rate ich dir, eine andere Person, auch wenn sie nicht vom Fach ist, dein Werk diesbezüglich überprüfen zu lassen.

Mit der Beendigung deiner eigenen Arbeit stehst du dann überhaupt vor der letzten Hürde in diesem Prozess – du gehst mit deiner Dissertation nach außen. Zuvor wurde über Jahre im stillen Kämmerchen geforscht und jetzt stehst du kurz davor, den Professoren/Professorinnen, den Prüfern/Prüferinnen und im Prinzip der ganzen Welt, Zugang zu deiner Schöpfung zu gewähren. Bei diesem Gedanken kann einem schon einmal mulmig werden. Ja, das war zwar bereits bei der Diplom-/Masterarbeit ein bedeutender Schritt, aber jetzt ist das eine größere Dimension. Die ersten Bedenken, die sich nun an dich heranschleichen können, rühren meist daher, dass die Dissertation nun unwiderruflich veröffentlicht und benotet wird. Doch die Panik, bezüglich welcher Horrorszenarien auch immer, ist weitestgehend unbegründet, denn es kann mit hoher Wahrscheinlichkeit davon ausgegangen werden, dass kein Professor/Professorin eine ungenügende Arbeit zum Einreichen freigibt, weil das äußerst kontraproduktiv wäre. Im schlimmsten Fall musst du vor dem Einreichen noch einige Überarbeitungen vornehmen, die zwar noch zeitaufwendig sein können, aber durchaus bewältigbar sind.

Wenn der Hauptteil der Arbeit dann soweit fertig ist, sollten auch noch das erste und das letzte Kapitel zu Papier gebracht werden oder ihren Feinschliff bekommen. Die einleitenden Worte und das Résumé lassen ein wenig mehr Spielraum für literarische Gestaltungen im Vergleich zum Fließtext. Sie sind dennoch heikel in Bezug auf die Formulierung. Das Nachwort kannst du vielleicht etwas individueller gestalten, trotzdem ist es ein wichtiger, wissenschaftlicher Teil und sollte sozusagen eine kompakte Zusammenfassung deiner gesamten Arbeit sowie Forschungsergebnisse darstellen. Darum wäre es gut, wenn dieses Schlusswort substanziell ist und deine Standpunkte noch einmal souverän aufzeigt. Die Einleitung sollte interessant formuliert werden und inhaltlich mit dem Hauptteil sowie mit dem Résumé übereinstimmen, damit sie nicht irgendetwas „verspricht", das in der Arbeit nie analysiert wird. Deshalb ist es durchaus empfehlenswert, die Einleitung sowie das Nachwort in der Endphase zu schreiben. Ich muss gestehen, dass ich beide mitten drinnen zu verfassen begann und immer wieder erweitert habe. Die Länge ist generell variabel und sicherlich abhängig von der Thematik. Meine Einleitung mit knapp drei Seiten ist allerdings für so eine umfangreiche Arbeit eher kurz geraten. Sie kann, wenn du möchtest, selbstverständlich länger und in der Ausführung genauer sein, das liegt ganz bei dir.

Das alles ist schon noch ein schönes Stück Arbeit und das Licht am Ende des Tunnels ist zwar erst ein kleiner Sonnenstrahl, aber du kannst ihn schon genießen, denn der Rest ist auf jeden Fall auch noch zu schaffen. Also, sei stolz auf deine Leistung und bleibe fokussiert. Apropos Résumé:

- Genieße den Moment, wenn ein Zwischenziel erreicht wurde – Freude gibt Energie
- Plane genug Zeit für das Korrekturlesen und die Schlussformatierung ein
- Gestalte Einleitung und Schlusswort interessant und informativ → achte vor allem darauf, dass beide inhaltlich mit dem Fließtext übereinstimmen

14. Die Abschlussphase

So, nun wurden die letzten Korrekturen schon fast alle geschafft und der ersehnte Abschluss rückt tatsächlich immer näher – jetzt ist er schon zum Greifen nah. Du kannst wirklich sehr stolz auf dich sein! Das hast du richtig toll gemacht. Wenn du alles korrigiert hast, dann belass es auch irgendwann dabei und ändere nichts Substanzielles mehr, ansonsten kann es sein, dass du nie zum Ende kommst. Dahinter kann die Angst vor Veränderungen stecken oder ein perfektionistischer Drang. Dieser äußert sich oft dadurch, dass bestimmte Sätze immer wieder gewälzt sowie fertige Kapitel neu arrangiert werden, um sich selbst noch mehr zu übertrumpfen. Solltest du zu einem übertriebenen Perfektionismus neigen und dich insgeheim weigern einzureichen, dann gehe diesem Verhalten auf den Grund, um herauszufinden, was wirklich dahintersteckt, sonst blockierst du dich nur unnötig selbst.

Ich weiß, das Gefühl, dass die Doktorarbeit einfach nicht fertig ist und noch an vielen Stellen gefeilt werden müsste, ist gerade in dieser Phase meistens omnipräsent – das ist vollkommen normal – denn du kannst selbstverständlich immer weiter forschen, wenn du willst. Doch wenn alle Betreuungspersonen dir zu verstehen geben, dass sie bereit zum Einreichen ist, kannst du das auch mit gutem Gewissen tun. Denke dir einfach, dass du danach jede Menge Abhandlungen und Bücher zu diesem Thema verfassen kannst, wenn du diese Forschung vertiefen möchtest. Aber deine Dissertation ist ein Beweisstück dafür, dass du auf selbstständiger Basis Wissenschaftsforschung betreiben kannst, nach den Regeln und Strukturen des jeweiligen Studiums, also beweise das auch.

Langsam rückt der Tag näher, an dem du aus dem geschützten Kokon der Universität schlüpfst, um neue Wege zu gehen. Es ist teilweise gar nicht zu fassen und gemischte Gefühle können in diesem Stadium aufkommen, wie Freude, Erleichterung und ein bisschen Wehmut, weil die Studienzeit nun zu Ende geht. Diese Phase ist relativ aufregend, da es jetzt mitunter um die Bürokratie geht. Manchmal könnte man glauben, man befände sich im „Haus das Verrückte macht" bei Asterix und Obelix, in dem man erfolglos von einem Schalter zum anderen verwiesen wird, um den Passierschein A 38 zu erhalten und langsam durchdreht. Unterschriften müssen eingeholt, Protokolle abgegeben, Termine bestätigt, Exemplare der Arbeit gebunden und unzählige Wege gemacht werden. Beachte unbedingt die Fristen und rechne Zwischenfälle aller Art mit ein, vor allem wenn du während der Ferienzeit einreichen möchtest. Bitte schau, dass du dich ausreichend informierst und früh genug alles mit den beteiligten Personen abklärst, beispielsweise den passenden Termin für deine Abschlussprüfung.

Gerade beim Einreichen gibt es einige sehr spannende Momente in denen du wirklich merkst, dass du in Kürze FERTIG bist. Zum Beispiel, wenn du deine gebundene Fassung in der Hand hältst, den letzten Klick auf der Maus tätigst, um sie einzureichen oder, wenn du auf deine Benotung wartest. Vielleicht geht es ein bisschen unter, weil du ständig auf der Uni mit anderen Akademikern/Akademikerinnen oder der Professorenschaft zusammen bist, da so etwas in diesem Alltag Gang und Gebe ist. Aber in der „anderen Welt" und sowieso für dich in erster Linie ist es eine großartige Leistung!

Nachdem du eingereicht hast, steht dir entweder noch eine Defensio oder ein Rigorosum bevor, wofür du dich rüsten musst. Ich hatte ein zweistündiges Rigorosum, mit drei verschiedenen Themengebieten, die zu lernen waren und die Präsentation meiner Dissertation. Eine Freundin von mir, aus einem anderen Studienfach, hatte ein kurzes Verteidigungsgespräch über ihre Arbeit. Die Art der Abschlüsse variiert bei den Studien, Instituten und Universitäten. Wie es auch immer abläuft, die Spannung dieser Zeit bleibt aufrecht und ja, auch die Nervosität ist groß, zumindest war das bei mir der Fall. Auch wenn ich mir insgeheim sicher war, genug Wissen angehäuft zu haben, alleine aufgrund der verfassten Dissertation, um nicht durchzufallen, wollte ich mich unter keinen Umständen blamieren. Es ist die allerletzte Prüfung in diesem Studium und die Professoren/Professorinnen kennen dich auch schon persönlich. Zusätzlich wird dir nun schön langsam richtig bewusst, dass du kurz vor deinem Doktortitel stehst – das ist fantastisch!

Meine Empfehlung lautet: Lernen und vorbereiten, dich aber nicht so extrem stressen. Zur Abschlussprüfung wirst du normalerweise nicht mehr derartig geprüft, wie bei einer herkömmlichen mündlichen Prüfung in einem frühen Semester oder gar in der Schule, sondern es ist mehr zu sehen als ein Fachgespräch unter Kollegen/Kolleginnen. Natürlich sind die einen oder anderen Fragen sehr anspruchsvoll und manche „Kollegen/Kolleginnen" strenger als andere. Doch das schaffst du sicher auch noch meisterhaft, denn den Großteil deiner Leistung hast du bereits mit der fertigen Doktorarbeit unter Beweis gestellt, die du nun endlich präsentieren kannst. Fazit: Die Abschlussprüfung ist kein herkömmliches Abprüfen mehr, sondern eine fachliche Auseinandersetzung mit qualifizierten Personen über mehrere Themengebiete, von denen zumindest in einem DU der Spezialist/die Spezialistin bist. Denn niemand weiß so viel über deine Arbeit wie du selbst! Alle anderen Prüfungsgebiete sind zu lernen, und da sind womöglich auch einmal Fragen dabei, die du nicht so perfekt beantworten kannst, aber das macht nichts, denn das ist nach dem Aufwand eines absolvierten Doktorates nur ein geringes Übel. Außerdem geht es ebenso um den Beweis, dass du die Arbeit selbst verfasst hast.

Wie also vorbereiten? Mein Vorschlag, der bei mir auch sehr gut funktioniert hat, lautet: Die Kernpunkte aller Themengebiete herauszuarbeiten. Das Prüfungskomitee und ihre Fächer sind dir sicherlich nicht gänzlich unbekannt, trotzdem kann der Stoff derartig umfangreich sein, dass alles genau zu lernen unmöglich erscheint. Deshalb gehe vorher noch einmal zu den passenden Seminaren oder exzerpiere die wichtigsten Elemente aus den Skripten, mach dasselbe bei deiner Dissertation. Bedenke, dass rund 200 Seiten, prall gefüllt mit deinen Geistesergüssen, nicht in jedem Kapitel voller Spannung sprießen, suche also für deine Präsentation die Themen heraus, die am aufschlussreichsten sind und die dir am wichtigsten erscheinen. Eine interessante Abschlussprüfung ist doch für alle Beteiligten angenehmer, als ein langweiliger Vortrag verbunden mit trockenen Fragen. Ein Professor hat mir geraten, das Rigorosum so spannend wie möglich zu gestalten, damit es ein besonderes sowie freudiges Event ist und niemand Gefahr läuft, dabei einschlafen zu müssen.

Sei so gelassen wie möglich und versuche deinen letzten Schritt in Richtung neuen Lebensabschnitt zu genießen, denn er geht sehr schnell vorbei. Durchfallen ist zwar möglich, da es sich um eine Prüfung handelt, aber in diesem Fall wirklich sehr unwahrscheinlich. Wer es schon soweit geschafft hat, dem werden bei dieser allerletzten Prüfung dann im Normalfall nicht noch absichtlich Steine in den Weg gelegt. Unglücklich wäre die Situation sicherlich, wenn du gar nicht sprichst, aber so ein Verhalten ist bei einer mündlichen Prüfung immer schwierig. Vertraue auf dich und dein Wissen. Versuche so wenig wie möglich Nervosität auszustrahlen, ein bisschen ist meist nicht zu vermeiden, aber bei zu viel Lampenfieber machst du dich nur selber unnötig fertig und strahlst nicht die Kompetenz einer Frau Doktorin/eines Herrn Doktor aus. Es ist nämlich soweit, du darfst dich in Kürze so nennen!

Einen letzten Tipp möchte ich dir noch ans Herz legen, da ich selbst diesen Fall erlebt habe: Erkundige dich bitte am Tag vor der Prüfung, ob alle Beteiligten des Prüfungssenats gesund sind und den Termin vermerkt haben, damit du an deinem großen Tag keine böse Überraschung erlebst.

Ja, und du wirst sehen, egal ob es eine halbe Stunde oder über zwei Stunden dauert, diese Prüfung vergeht super schnell und schon lässt du die Korken knallen – das ist das Ende der Geschichte. Gratuliere! Ein allerletztes Mal fasse ich dir noch die wichtigsten Hinweise zusammen:

- Gib deine Arbeit nach dem letzten Feinschliff ab und folge keinem perfektionistischen Drang, der dich am Abschließen hindert
- Bereite dich ausreichend für deinen Abschluss vor, aber entwickle keinen übertriebenen Stress
- Stell dir das Rigorosum/die Defensio als ein Fachgespräch unter Kollegen/Kolleginnen vor
- Wähle interessante Punkte für deinen Vortrag der Dissertation
- Erfreue dich an den letzten Minuten deines Studiums

15. Nachwort

Im Nachhinein betrachtet – ich habe nun seit sechs Monaten abgeschlossen – bin ich sehr froh und dankbar, dass ich diesen Weg bis zum Schluss durchgehalten habe. Auch wenn ich mir ein bisschen mehr Zeit als zwei Jahre für das Doktorat hätte nehmen sollen, sodass mein Stresspegel etwas niedriger ausgefallen wäre. Irgendwie war ich nach dem Abschluss gedanklich noch immer in einer Art Routine verhaftet, die ihre Zeit brauchte, um verändert zu werden, damit ich überhaupt richtig realisieren konnte, dass ich mein Endziel gerade erreicht habe. Hierbei hätte ich schon einige Tipps in puncto Lockerheit brauchen können ☺

Jedoch habe ich dieses Durchhaltevermögen meinem Ehrgeiz und in gewisser Weise bereits diesem kleinen Handbuch zu verdanken. Da ich mir während der Dissertation bestimmte Themen von der Seele geschrieben habe und meine guten sowie schlechten Erfahrungen hier protokollierte, konnte ich viele wiederkehrende Problematiken erkennen und meine Herangehensweise verändern. Interessant war auch die Analyse meines sozialen Umfeldes, sei es auf der Uni oder im privaten Bereich. Dadurch, dass ich immer wieder hinterfragte, wie sich die Menschen in bestimmten Phasen des Doktorates fühlten, konnte ich bald daraus schließen, dass viele Studierende, egal welchen Alters, ähnliche Zweifel und Ängste hatten, aber leider zu wenig offen miteinander kommunizierten.

Trotz aller Höhen und Tiefen möchte ich diese Erfahrung in meinem Leben keinesfalls missen, schon gar nicht diesen einen ersten Moment nach meiner Abschlussprüfung. Denn als ich die Tür des Prüfungsraumes öffnete und alle meine Lieblingsmenschen davorstanden, um mir zu gratulieren, war ich überwältigt von tiefster Freude und Erleichterung. Das war wie ein Feuerwerk, einfach unbeschreiblich und wunderschön. Die ganze Mühe hat sich definitiv gelohnt. Genau dieses Gefühl wünsche ich dir auch von ganzem Herzen und ich glaube fest an dich und daran, dass du dein Ziel erreichen wirst!

Viel Erfolg!

„Wohin du gehst,
geh mit deinem ganzen Herzen."

Konfuzius